差がつく 練習法

サッカー 決定力を高める シュートドリル

著 **南雲伸幸** バディーSC監督

INTRODUCTION
はじめに

シュートの意識を高めてゴールを奪う

シュートを決める、ゴールを奪う。サッカーのいちばんの醍醐味である一方で、どうやったら多くのゴールを奪えるか？ というのは選手にとっても指導者にとっても永遠の課題でしょう。

本書では、「シュート」というテーマでトレーニングメニューを紹介させていただきます。個人で取り組むドリル。パートナーをつけてコンビネーションを身につけるドリル。ドリルの動きを相手がいるなかで発揮するための、対人トレーニング。さらには、実戦を意識したシュートゲームや、最後の章ではアジリティー（敏捷性）を鍛えながらシュートも打つ練習。徐々に実戦に近づいていくイメージで、全部で73個のメニューを紹介していきます。

これらのトレーニングは、すべて私たちバディーSCのコーチングス

タッフが試行錯誤しながら改善も加えつつ、日々子どもたちに取り組ませているメニューです。基本的なやり方にのっとって取り組むことも大事ですが、練習のための練習にならないように注意していただきたいと思います。

　トレーニングのねらいは、シュート精度を上げることはもちろん、一番は選手のシュート意識を高めることにあります。だから、複数人でのコンビネーションドリルでも、一方がシュートを打ったら、もう一方の選手は必ずゴール前に詰めて自分もシュートをねらう。この本全体に共通した、いわば"鉄則"のようなものです。

　また、守る側はどのようにシュートされたら嫌なのかを知る意味でも、交代でディフェンス、ゴールキーパーを経験させることも同時に行ってほしいと思います。

　本書の対象は、おもに小学生のジュニア、中学生のジュニアユースを想定しました。彼らの世代は最も技術が伸びるゴールデンエイジであるとともに、思春期も迎える難しい時期です。指導者の方々も、いかに選手たちのやる気を促し、パフォーマンスを上げるべきか、悩まれていることでしょう。各章の間に挟んだコラムに綴った、私たちの経験にもとづいた話も、そのヒントになれば幸いです。

南雲伸幸

バディーSC監督

CONTENTS
目次

- 2 ── はじめに
- 8 ── 本書の使い方

第1章 個人シュートドリル

- 10 ── 個人シュートドリルのねらい

●個人シュートドリル

- 12 ── Menu001 バウンドリフティング
- 13 ── Menu002 リフティング
- 14 ── Menu003 ショートバウンドシュート
- 16 ── Menu004 ケンケンシュート
- 18 ── Menu005 動きのなかからバウンドシュート
- 20 ── Menu006 クロスシュート①
- 22 ── Menu007 クロスシュート②
- 24 ── Menu008 ドリブルからシュート①
- 26 ── Menu009 ドリブルからシュート②
- 28 ── Menu010 プルアウェイからシュート
- 30 ── Menu011 ダイアゴナルランからシュート
- 32 ── Menu012 ウェーブの動きからシュート
- 34 ── Menu013 クサビの動きからシュート
- 36 ── Menu014 4つの動きをイメージしてシュート
- 38 ── Menu015 さまざまな角度のパスからシュート①
- 40 ── Menu016 さまざまな角度のパスからシュート②
- 42 ── Menu017 複数の相手をかわしてシュート

● ヘディング

44	Menu018	正面からのヘディング
46	Menu019	角度をつけたヘディングシュート
48	Menu020	下がりながらのヘディングシュート

| 50 | 章末コラム① |

第2章 コンビネーションドリル

| 52 | コンビネーションドリルのねらい |

● コンビネーションシュートドリル

54	Menu021	ポストプレーからシュート
56	Menu022	スイッチプレーからシュート
58	Menu023	オーバーラップからシュート
60	Menu024	3人目の動きからシュート①
62	Menu025	3人目の動きからシュート②
64	Menu026	狭いエリアからライン突破
66	Menu027	トライアングルからクサビを入れてシュート

● センタリングからのシュートドリル

68	Menu028	センタリングからシュート①
70	Menu029	センタリングからシュート②
72	Menu030	センタリングからシュート③

| 74 | 章末コラム② |

第3章 対人トレーニング

| 76 | 対人トレーニングのねらい |

● GKとの勝負を制する

78	Menu031	4個のボールでシュート①
80	Menu032	4個のボールでシュート②
82	Menu033	コーンの間からドリブルシュート
84	Menu034	コーンを回ってシュート
86	Menu035	2つのゴールでシュート
88	Menu036	パス交換からGKと2対1のシュート

● ディフェンスとの勝負を制する

90	Menu037	ディフェンスとの駆け引きからシュート
92	Menu038	後ろからプレッシャーを受けてシュート
94	Menu039	ディフェンスの動きを見てドリブルシュート

96	Menu040	先にボールに触れてシュート
98	Menu041	ゴールを背にした1対1からシュート
100	Menu042	ディフェンスの逆へかわしてシュート
102	Menu043	2つのゴールでの駆け引き
104	Menu044	前後から挟まれた状態からシュート
106	Menu045	狭いエリアでの1対1からシュート
108	Menu046	四方からセンタリングシュート
110	章末コラム③	

第4章 対人連携トレーニング

112		対人連携トレーニングのねらい
114	Menu047	トライアングルパス＆シュート
116	Menu048	スクエアパス＆シュート
118	Menu049	スイッチを意識した2対1
120	Menu050	オーバーラップを意識した2対1
122	Menu051	フリーマンとのワンツーからシュート
124	Menu052	ポストプレーからシュート①
126	Menu053	ポストプレーからシュート②
128	Menu054	ポストプレーからシュート③
130	Menu055	ポストプレーからシュート④
132	Menu056	3対3からセンタリングシュート
134	章末コラム④	

第5章 シュートゲーム

136		シュートゲームのねらい
138	Menu057	4対4（サポートの意識）
140	Menu058	「4対4」＋4＋2GK（ポストプレー）
142	Menu059	「4対4」＋2＋2GK（ポストプレー）
144	Menu060	「4対4」＋2＋2GK（センタリング）
146	Menu061	「4対4」＋2GK（2ゴール）
148	Menu062	「4対4」＋1＋2GK（最終ライン突破）
150	Menu063	「4対4」＋2GK（2コート）
152	章末コラム⑤	

第6章 アジリティーシュートドリル

- 154 ──── アジリティーシュートドリルのねらい
- 156 ──── **Menu064** サイドステップからシュート
- 158 ──── **Menu065** バックステップからシュート
- 160 ──── **Menu066** 四方からのパスを受けてシュート
- 161 ──── **Menu067** クロスステップからシュート
- 162 ──── **Menu068** 連続ステップからシュート
- 164 ──── **Menu069** 障害物をかわしてシュート
- 166 ──── **Menu070** スプリントからのシュート
- 168 ──── **Menu071** 連続性を意識した動きからシュート
- 170 ──── **Menu072** 反応速度を高めてシュート
- 171 ──── **Menu073** さまざまなタッチからシュート

- 172 ──── おわりに
- 174 ──── 著者プロフィール

本書の使い方

本書では、図や写真、アイコンなどを用いて、一つひとつのメニューを具体的に、よりわかりやすく説明しています。図や"やり方"を見るだけでもすぐに練習をはじめられますが、この練習のねらいはどこにあるのか？　どこに注意すればいいのかを理解して取り組むことで、より効果的なトレーニングにすることができます。普段の練習に取り入れて、上達に役立ててみてください。

▶ 身につく技能が一目瞭然

練習の難易度やかける時間に加え、どのような技能が身につくトレーニングなのかがひと目でわかります。チームや個人に適したメニューを見つけて練習に取り組んでみましょう。

▶ 知っておきたい練習のポイント

この練習のポイントはどこにあるのか、なぜ必要なのか、また練習を行う際の注意点を示しています。

図の見方

オフェンス選手	ゴールキーパー(GK)	コーン	➡ ボールの動き
ディフェンス選手	フリーマン／コーチ	フラットマーカー	人の動き / ドリブル

第1章
個人シュートドリル

ゴールを奪うためには、
まずは強く正確にボールを蹴る技術を磨くことが大切。
ディフェンスがいない状況でのドリルトレーニングを行って、
自分が最も自信を持ってシュートを打つことができる形をつくり上げよう。

個人シュートドリル
のねらい

? なぜ必要?

≫ 最も基本的なシュートの形を身につける
≫ 利き足のインステップシュートを正確に
　打てれば、さまざまな状況からゴールを
　奪うことは可能

✕ ここに注意!

≫ フォームづくりのトレーニングとなるため、
　ズレがあれば早い段階で修正する
≫ ディフェンスはいないが、いるイメージを
　常に持ちながらプレーする

自分が理想とする
シュートの形をつくり上げる

ゴールを奪うためのシュートの形はさまざまだ。インステップ、インフロント、インサイドといった蹴り方もさまざまであるし、利き足、逆足、頭といった体のどの部分を使ってもシュートを打つことは可能だ。しかし、まずは最も基本的な形、すなわち利き足でのインステップシュートをマスターしてほしい。

シュート練習に取り組む前の準備として気をつけてほしいことがある。それは、スパイクのヒモをしっかりと結ぶことだ。靴ヒモが緩んだまま練習に臨んでいたり、結んだ状態のスパイクを脱いだり履いたりする選手をたまに見かける。なぜ、スパイクのヒモが大事なのか。スパイクが足にフィットしていないと、シュートする足のスポットもズレるからだ。人間の足の大きさは、朝起きたときと夕方では変わるものであり、そのときどきの足の形に合わせてスパイクをきちんと履くことは、良い

シュートを打つための大切な準備なのだ。

本章では、基本的にディフェンスをつけずにトレーニングを行い、自分の得意とするシュートの形をつくることを目的とする。良いシュートを打つため、押さえてほしい基本は3つある。

1つ目は「同じ足のスポットで蹴る」。自分が最も良い感触で蹴るポイントを把握し、常にそこに当てることを意識してほしい。2つ目は「ボールを置く位置」。自分の立ち足に対して、常に同じ距離の場所にボールを置くこと。そして3つ目は「ボールを蹴る場所」。基本はボールの真ん中だが、蹴るボールの質によっても変わってくる。たとえば、低い弾道のシュートを打つ場合は、ボールの気持ち上を蹴るように意識しなければならない。この3点を意識したうえで、シュート練習に入ってもらいたいと思う。

個人シュートドリル

インステップ&インサイドキックのシュートスポットをつかむ

Menu **001** バウンドリフティング

難易度 ★☆☆☆☆
時間 5分

» 身につく技能
- **シュート技術**
- オフ・ザ・ボール
- コンビネーション
- 状況把握
- フィジカル

やり方

1. インステップキック、インサイドキックでワンバウンドをさせながらリフティングをする

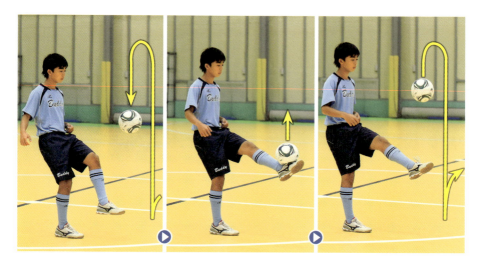

[リフティングのポイント]

リフティングは、ただ単にボールフィーリングを確かめるためにやるのではない。シュートの形を覚えて、自分の足に当てるポイントをつかむリフティングを行うには、以下の5つのポイントを押さえておこう。

1
体とボールの距離は常に一定に保つ

体とボールの距離が常に同じでなければいけない。立ち足（軸足）に対して、蹴り足が近くなったり、遠くなったりしないこと

2
足の同じポイントでとらえる

足の同じポイントでボールを蹴ることも大事。とくにインステップでは素足で蹴っても痛くない場所が、シュートスポットだ

3
中心をとらえる

ボールの真ん中を蹴ることを意識しながらやってみよう。真っ直ぐにボールが上がるようになるはずだ

12

個人シュートドリル

インステップ＆インサイドキックの シュートスポットをつかむ

難易度 ★☆☆☆☆
時間 5分

» 身につく技能
- シュート技術
- オフ・ザ・ボール
- コンビネーション
- 状況把握
- フィジカル

Menu **002** リフティング

やり方

1. インステップキック、インサイドキックでバウンドさせないでリフティングをする

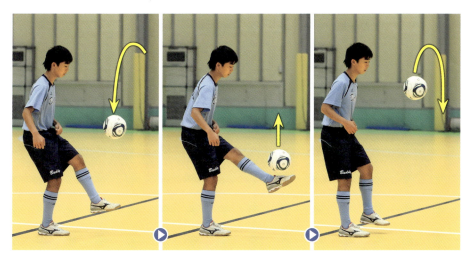

ワンポイントアドバイス

» 素足で
リフティング
してみよう

とくにインステップキックの場合、ボールが当たっても痛くない場所がシュートのベストポイントだ。裸足なので、ケガをしないよう練習場所には気をつけよう

4
回転を
かけないように蹴る

しっかりとポイントをとらえて蹴ることができれば、ボールに余計な回転がかかることはない

5
頭よりも上に
上がるように蹴る

ボールを頭より高く上げるように意識することで、しっかりと足をヒットする感覚を身につけることができる

個人シュートドリル

インステップシュートで
ヒザ下を速く振る感覚をつくる

ねらい

Menu **003** ショートバウンドシュート

難易度	★☆☆☆☆
時間	5分

» 身につく技能

シュート技術
オフ・ザ・ボール
コンビネーション
状況把握
フィジカル

やり方

1. ゴールの正面からスタートする。頭上にボールを上げて、地面に当たった（ショートバウンド）タイミングでシュートする
2. ヒザ下を速く振り抜く感覚を意識して行う

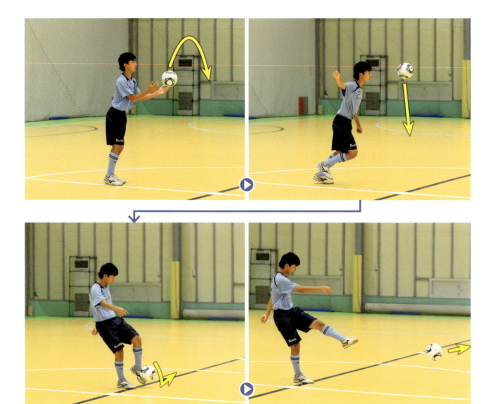

⚠ ポイント　軸足の位置と、ヒザ下の振り抜きを意識する

ボールが蹴る足の正面にくるように、立ち足（軸足）の位置を意識しよう。しっかりとボールの中心をとらえ、ヒザ下を強く、素早く振り抜くことが大切

14

ワンポイントアドバイス

≫ 軸足が抜けるようにする

蹴った後、立ち足（軸足）が抜ける（浮くような感じ）ようになると良い。体全体を使ってボールに強い力を伝えようとすれば、自然と軸足はフワっと抜けるはずだ

軸足が浮く

≫ 高さの目安を設定しよう

低い弾道のシュートを打つ目安として、ゴール前にヒモを張るなどしてラインを設定する。そのラインの下を通すようなシュートを練習してみよう

Level UP!

次第に距離を遠くしてみよう

慣れてきたらゴールからの距離を遠くして、常に同じように低い弾道のボールを蹴れるようにする。距離が遠いミドルレンジ、ロングレンジのシュートを打とうとすると、どうしても力みが生じてしまう。力まずに、同じ弾道のボールを蹴られることが大事なのだ。基本的なシュートなので、とにかく回数を多く、繰り返し練習する

個人シュートドリル

軸足に柔軟性をもたせて体全体を使って蹴り足を振り抜く

ねらい

Menu **004** ケンケンシュート

難易度 ★★★★★
時間 5分
≫ 身につく技能
シュート技術
オフ・ザ・ボール
コンビネーション
状況把握
フィジカル

やり方

1. ペナルティーマークにボールを置く
2. ゴールの正面から立ち足（軸足）でケンケンをしてボールに近づく
3. ケンケンの3歩目でボールに合わせて踏み込み、インステップでシュートする

? なぜ必要？

≫ **軸足の位置と柔軟性に意識を向けることができる**

ケンケンで進むことで片足での移動となるため、ボールに対する踏み込み動作に意識を向けたトレーニングとなる。立ち足（軸足）の位置はしっかりと固定して、ボールに対しては角度をつけずに、正面に入っては柔らかく踏み込むようにしよう

✗ ここに注意！

≫ **ケンケンの幅は最初小さくはじめる**

最初から、ケンケンの幅を大きくするとボールへの踏み込みが難しい。最初は小さくはじめて、片足だけで進む感覚に慣れてきたら徐々に大きくしていこう

≫ ボールの正面に入る

「ボールの正面に入る」と蹴りにくい感覚があるが、立ち足（軸足）がやわらかく使えていれば、インステップで正確にボールを蹴ることは可能だ。あまりうまくいかないようであれば、最初は正面からではなく、少し角度をつけてからボールに踏み込んで蹴っても良い。また、蹴った後は、蹴り足一本で着地するように

≫ 両肩をゴールラインと平行にする

「体全体を使ってシュートする」感覚をつかむには、ゴールのラインに対して両肩が平行になるようにすること。上体はゴールラインと平行を保ったまま、下半身にひねりを加えて、ヒザ下の振りを速くする

Level UP!
慣れてきたらバリエーションを増やしてみよう

① ボールを後ろから転がしてケンケンで打つ
② ボールを正面から転がしてケンケンで打つ
③ ボールを横から転がしてケンケンで打つ
④ ①〜③を、バウンドさせたボールで行う

個人シュートドリル

動きながらボールにアプローチしてヒザ下を速く振る感覚をつくる

Menu **005** 動きのなかからバウンドシュート

難易度	★★★★★
時間	5分

» 身につく技能

- **シュート技術**
- オフ・ザ・ボール
- コンビネーション
- 状況把握
- フィジカル

①ランニングしながらバウンドシュート

やり方

1. ペナルティーエリアのやや外あたりで、ボールを持って順番に並ぶ
2. 後ろにいる選手が、先頭の選手の頭上を越えてゴール前でバウンドするボールを投げる
3. 先頭の選手は走ってボールに近づき、ショートバウンドのタイミングでシュートする
4. ランニングのスピードは徐々に上げていく

②リフティング、バウンドリフティングからバウンドシュート

やり方

1. ペナルティーエリアのやや外あたりから、リフティング、あるいはバウンドリフティングをしてゴールに近づく
2. 体勢が良いタイミングで、ショートバウンドに合わせてシュートする

ポイント

① 動きながら、自分のシュートポイントをつかむ
② 動きながらでも、シュートを打つときの自分の体とボールの距離が常に変わらないことを意識する
③ 走りながらシュートを打つので、バランスを崩さないようにしっかりと踏み込む

Level UP!
周りの情報を常に取り入れながらプレーする

このメニュー以降で意識して欲しいことは、「常に周りの状況を見て、シュートを打つまでに必要な情報を入れること」だ。GKのポジションは？ ディフェンスがどこにいて、シュートコースは空いているか？ といった"シュートを打つ前に必要な情報"を常に入れながら、シュートする意識を持ってもらいたい。ボールをバウンドさせて、周りを見て判断する時間をつくっているのは、そのためだ。ランニングしながらでも、リフティングしながらでも、常に周りを見て判断する意識を持とう

ゴールの状況を確認する

配置図

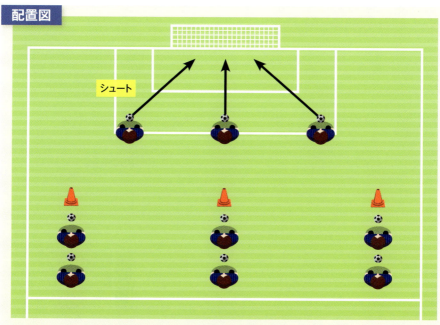

①②のメニューはともに、正面からだけではなく、右や左から角度をつけて行う。
3ヵ所のどの角度でも、常に周りを見ながらシュートを打つ意識、感覚を身につけよう

個人シュートドリル

逆サイドへシュートを打つ技術を身につける

Menu **006** クロスシュート①

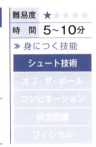

難易度 ★☆☆☆☆
時　間 5〜10分
》身につく技能
シュート技術
オフ・ザ・ボール
コンビネーション
状況把握
フィジカル

やり方

1. ゴール正面のペナルティーアーク付近にボールの出し手を配置する。オフェンスはその後ろに並ぶ
2. 出し手は左右にボールを転がす。オフェンスはパスに対して走り込み、逆サイドのゴールネット（右に出たら右足で左のネット、左に出たら左足で右のネット）をねらって、ワンタッチしてからインステップでシュートする
3. 連続して逆方向へのパスに対してシュートする
4. 年齢によって本数を変える

このメニューの動き方

対角線へシュート

!ポイント ゴールラインと両肩は平行に向ける

逆サイドのネットにインステップでシュートする場合でも、ゴールネット（ゴールライン）に対して、両肩を平行に向けよう（Menu004 も参照）。上半身はゴールと平行で、下半身だけシュートを打ちたい方向にひねるということだ。上半身が逆サイドの方向を向いていれば、GK にコースを読まれやすく、なおかつ外しやすくもなる

ゴールラインと平行に

？なぜ必要？

≫ 逆サイドへ打てばゴールの可能性は広がる

逆（ファー）サイドにシュートを打つことで、プレーの幅、あるいはゴールの可能性が広がる。たとえば、ニアサイドへのシュートの場合、GK はキャッチできなければゴールラインの外に弾くしかない（コーナーキックになる）。しかし、ファーサイドに打てば、GK はキャッチできなくてもゴール前に弾くので、味方がそこに詰めてゴールを奪うことができる

個人シュートドリル

逆サイドへシュートを打つ技術とこぼれ球に反応する意識を養う

ねらい

Menu **007** クロスシュート②

難易度 ★★★★★
時間 5～10分

» 身につく技能
- シュート技術
- オフ・ザ・ボール
- コンビネーション
- 状況把握
- フィジカル

やり方

1. ペナルティーエリアの前にオフェンスは2列で並ぶ。ボールの出し手をその間に配置する
2. パサーは左右交互に、あるいはランダムにボールを出す
3. ボールが出たサイドに飛び出たオフェンスは、ワンタッチしてから逆サイドへインステップでシュートを打つ
4. 反対側の選手は、シュートを打つ選手とGKの動きを見ながら走り込み、こぼれ球を予測してゴール前に詰める

このメニューの動き方

ポイント GKをつけて行う

このトレーニングは、こぼれ球へ反応する意識を浸透させるのが目的。
GKをつけて、こぼれ球が発生する環境でトレーニングを行おう

ここに注意！

≫ 漠然と詰めるだけでは"嗅覚"は得られない

ゴール前に詰める選手も「どこにこぼれてきそうなのか」、ランニングの中で状況を頭に入れながら"情報を入れる"ことが重要。情報を取り入れるからこそ、こぼれてくるポイントがわかるというのが、いわゆる"嗅覚のある選手"だ

Extra
ジュニア世代はこぼれ球が生まれやすい

小学生のGKは「しっかりキャッチにいく」ことが大事。ゴールの枠から外れそうなクロス、シュートに対して意図的に弾いて逃れるという技術は、この段階ではまだ教えなくても良い。だから、試合のなかでは、ギリギリ枠をとらえるか、とらえないかというボールをGKが捕りにいって、こぼす場面がある。そこに得点のチャンスも生まれるわけだ。フォワードは「しっかりと逆サイドにシュートを打つこと」、GKは厳しいボールでも「しっかりと捕りにいくこと」が大切。双方の選手にとって、良い練習になる

個人シュートドリル

ドリブルからシュートを打つ意識と感覚を覚える

Menu **008** ドリブルからシュート①

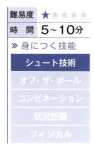

難易度	★☆☆☆☆
時間	5〜10分

≫ 身につく技能

- シュート技術
- オフ・ザ・ボール
- コンビネーション
- 状況把握
- フィジカル

やり方

1. 図のように、オフェンス、コーン、マーカーを配置する
2. スタート位置からそれぞれマーカーに向かってドリブルをする
3. マーカーの前からシュートを打つ
4. 徐々にスピードを上げて行う。慣れてきたらGKを入れて行い、その場合は3ヵ所同時にはやらずに1ヵ所に絞って行う

このメニューの動き方

ポイント GKは交代して行う

時間や本数などで区切りながら、フィールドプレーヤーも交代でGKを経験しよう。GKの立場に立って、どうすればシュートのタイミングがわかりづらいのか実体験する

ワンポイントアドバイス

≫ 細かいドリブルでシュートのタイミングがわかりづらくする

ドリブルからシュートを打とうとすれば、強く打つために、最後のタッチが大きくなりがちになる。それはGKに「これからシュートするよ」とサインを送っているようなもの。GKの心理としては、ドリブルするタッチとシュートに入る前のタッチが同じであれば、準備が遅れるためシュートを止めにくい。擬音を使って説明するなら、トン、トン、トンとドリブルして、一拍置いてシュートするのではなく、トン、トン、トンからドーン！と打つ

▲細かいタッチからシュートを打つとGKはタイミングを取りづらい

▲タッチが大きいとGKはタイミングを取りやすい

ここに注意！

≫ 肩が突っ込まないように意識する

とくにサイドからドリブルして、シュートしようとすると、たとえば右からなら、右の肩が突っ込みやすい。すると、クロスのシュートも左にそれやすくなる。Menu004、006でも解説したように、両方の肩をゴールラインと平行に保つことが、シュート精度を上げ、かつGKにはシュートコースが「ニアか、ファーか」わかりにくいという効果を生むのだ

25

個人シュートドリル

ディフェンスをブラインドにして、GKのタイミングを外すシュートを打つ

Menu **009** ドリブルからシュート②

難易度	★★★★★
時間	5〜10分

» 身につく技能

- シュート技術
- オフ・ザ・ボール
- コンビネーション
- 状況把握
- フィジカル

やり方

1. 図のように、オフェンス、コーンを配置する
2. スタート位置からそれぞれコーンに向かってドリブルをする
3. コーンをかわしてシュートを打つ
4. 徐々にスピードを上げて行う。レベルに応じて、コーンの数を増やす

このメニューの動き方

⚠ ポイント　スタートはゆっくり

最初はスムーズにディフェンスをかわすのが難しい場合がある。はじめはゆっくり行い、慣れていくうちに徐々にスピードを上げていこう

なぜ必要？

≫ ディフェンスを"かわす"動きから シュートを打つ感覚を養う

ゴール前の混戦などでシュートコースをつくるためには、ディフェンスを完全に抜き去る必要はない。「抜き去る」のではなく「かわす」という意識が大切。かわしたあとは、つくったシュートコース（コーンとコーンの間）から出来るだけ早くシュートしよう

≫ GKの逆を突くように打つ

ディフェンスをかわすようにボールを動かすと、GKもそれに合わせてポジションを修正するために動くはずだ。シュートは、GKの逆を突くようにボールを動かしたのと反対方向に打つと良い

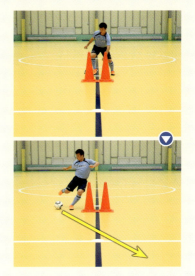

ここに注意！

≫ GKを見るタイミングをつかもう

ボールを見て、ゴールを見て、最後にボールを見るというのが基本だが、かわしてからゴールの情報（GKのポジションなど）を入れていては、シュートにも時間がかかり、GKも準備しやすくなる。ゴールの位置さえ確認できていれば、シュートはできる。そこで、ディフェンスをカベ（ブラインド）にして、GKから自分が蹴る様子がわからないよう蹴ることが重要だ。だからコーンとコーンの間からシュートを打つ練習が必要になる

Extra

意識を変えるだけでシュートも入りやすくなる

シュートが外れるときには、いろいろな要因がある。立ち足の位置を変えても、肩の入れ方を修正しても、どうしてもシュートがずれてしまう。練習中であれば技術的な修正を加えることが出来るが、試合中に指導者が技術的なアドバイスをしても、かえって混乱するだけ。そこで、技術的なことを言うより、意識を少し変えるよう選手にアプローチすることが大事になる。たとえば、右足で打ったシュートが左にそれることが多い選手には、「キーパーめがけて打とう」とアドバイスする。すると、GK正面をねらったシュートが対角線の軌道を描いてサイドネットに入ることもある。もちろん、最終的には自分のフォームをつくることが大事だが、試合の緊張感のなかでは、体の動きとイメージがマッチしないことも多いのだ

個人シュートドリル

ディフェンスを引きつけてから離れる動きを理解する

Menu 010 プルアウェイからシュート

難易度 ★★★★★
時間 5〜10分

≫ 身につく技能
- シュート技術
- オフ・ザ・ボール
- コンビネーション
- 状況把握
- フィジカル

やり方

1. 図のようにオフェンス、出し手2人、コーンを配置する
2. 出し手はパス交換を行う
3. オフェンスはディフェンスに見立てたコーンの間に一瞬入って戻る（チェックの動き）
4. 出し手にボールが欲しいタイミングで声をかける
5. プルアウェイの動きでパサーからボールを受けて、コントロール、またはダイレクトでシュートを打つ

このメニューの動き方

ポイント 受け手はしっかりと声をかける

受け手はコーンの間でプルアウェイの動きをしながら、ボールが欲しいタイミングで「ヘイ！」と出し手に声を掛ける。黙って動くだけでは、ボールは出てこない

なぜ必要？

» パス交換からはじめることで実戦に近づける

オフ・ザ・ボール（ボールのない場所での動き）は、受け手のポジション取りだけでなく、出し手の状況も非常に大事になる。ボールをセットして、いつでもパスを出せる状況にしてはじめる練習は、受け手にとってすごく簡単に感じるだろう。そこをあえて、出し手を2人にしてパス交換からスタートするやり方にすると、より実戦に近づくというわけだ。パスが回っていて、出し手がまだセットされていない状況で、受け手がボールを欲しがっても、効果的なボールは引き出せない。どうしてもタイミングがつかめないなら、ハンドパスからボールを受ける動きをイメージすると、わかりやすいだろう

ここに注意！

» ダイレクトなら インサイドシュートでも良い

ゴール前での考え方として、パスなどでGKを動かして逆を突くことができれば、正確に蹴り込むために、素早く振りが小さいインサイドシュートでも構わない。一方、ボールをコントロールすると、GKも止まって準備しているので、ゴールの空いた所に強く蹴ることのできるインステップシュートが望ましい。状況次第だが、練習においては、速くて正確なインステップシュートを身につけてほしい

ワンポイントアドバイス

- » 受け手のタイミングを計り、出し手はボールを配球しよう
- » 出し手は受け手の状況をよく見てパスを出す。ボールが足元に入りすぎないよう注意しよう
- » 受け手は常に頭の中で、ディフェンスやGKを動かすイメージをもって行う
- » 慣れてきたら、GKを入れてやってみよう

個人シュートドリル

斜めに入るダイアゴナルの動きを理解する

Menu **011** ダイアゴナルランからシュート

難易度	★★★★★
時間	5～10分

» 身につく技能
- シュート技術
- オフ・ザ・ボール
- コンビネーション
- 状況把握
- フィジカル

やり方

1. 図のようにオフェンス、出し手、コーンを配置する
2. オフェンスはディフェンスに見立てたコーンの間へ斜めに走りながら入っていく
3. 出し手からボールを受けて、コントロール、またはダイレクトでシュートを打つ

このメニューの動き方

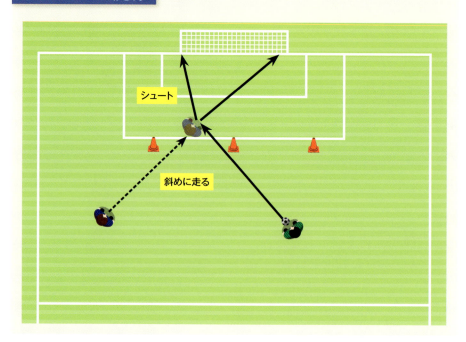

⚠ ポイント　ディフェンスが見えないところから入っていく

ディフェンスの視野の外から斜めにスペースに向かって走ることで、
フリーでボールを受けることをねらおう

ワンポイントアドバイス

» ディフェンスの背後に隠れないように

ダイアゴナルランの動きでは、受け手がボールを要求するタイミングが重要になる。たとえば図のように、ディフェンスの背後のスペースをねらうとき、裏へ入るタイミングが早いと、受け手がディフェンスの背後に隠れてしまう。どこでギャップをねらって、どのタイミングで動き出すのかが非常に大事だ

DFの背後に隠れてしまう

Extra
逆サイドも必ず練習しよう

このメニューに限ったことではないが、ポジションにかかわらず必ず逆サイドでのトレーニングも行おう。実戦では、試合展開のなかで逆サイドに移動することもある。

自分の得意なサイドを持つことも大事だが、どの局面にも対応できる力をつけることも大切だ

個人シュートドリル

ディフェンスを惑わせるウェーブの動きを理解する

ねらい

Menu **012** ウェーブの動きからシュート

難易度	★★☆☆☆
時間	5〜10分

» 身につく技能

- シュート技術
- オフ・ザ・ボール
- コンビネーション
- 状況把握
- フィジカル

やり方

1. 図のようにオフェンス、出し手、コーンを配置する
2. オフェンスはディフェンスに見立てたコーンの裏のスペースへ入っていく
3. 戻ってきて、中央のコーンの前で出し手からのパスを受ける
4. ボールをコントロールしてシュートを打つ

このメニューの動き方

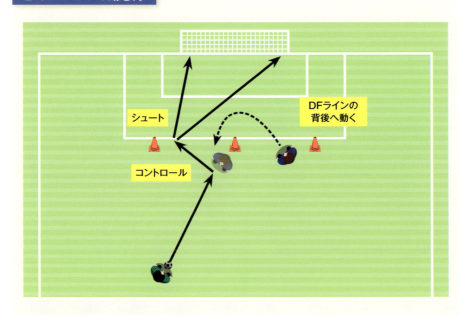

! ポイント

オフサイドラインに入ることでつかまりにくい動きを目指す

コーン（ディフェンス）の背後から一度オフサイドラインに入ってから、出し手側に寄っていく動き（ウェーブの動き）でコーンの前でボールを受ける。

ディフェンスの立場としては非常にやっかいでつかまえづらい動きとなる

≫ ディフェンスの視野から消えながらボールを受ける

ディフェンスはゴール前でFWに自分の背後に立たれると、非常に守りにくい。ディフェンスはボールの動きと自分がマークする選手を両方見なくてはいけないからだ。そこで効果的なのがウェーブの動き。あえてFWは一度オフサイドポジション（ディフェンスの背後）に入って、そこから動き直す。ディフェンスとの駆け引きで、ディフェンスラインを下げるねらいもある。そしてタイミングを合わせて、ディフェンスの前に出てきてボールを受ける（クサビの動き）。ディフェンスはあわててついてくるが、そこで逆を取ってシュートを打つ。

ここに注意!

≫ **ディフェンスが見えづらい背後に動くが、タイミングがずれればオフサイドになる。難易度が高いプレーだ**

≫ **ディフェンスを引き出すイメージをもって動こう**

≫ **出し手は受け手の状況をよく見て配球しよう**

個人シュートドリル

ゴール前で攻撃の起点となるクサビの動きを理解する

難易度 ★★★★★
時間 5～10分

» 身につく技能
- シュート技術
- オフ・ザ・ボール
- コンビネーション
- 状況把握
- フィジカル

Menu 013 クサビの動きからシュート

やり方

1. 図のようにオフェンス、出し手、コーンを配置する
2. オフェンスは、下がりながら出し手からのパスを受ける
3. オフェンスはボールをコントロールしてシュートを打つ

このメニューの動き方

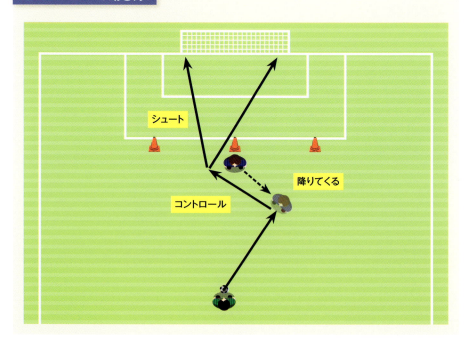

ポイント ディフェンスを引きつける

オフェンスはボールを受けたら、ディフェンスを引きつけるイメージを持ちながら、ディフェンスの動きとは逆方向にコントロールすることを意識しよう

ワンポイントアドバイス

» 受け手の降り方が重要!

ディフェンスを食いつかせるにはボールコントロールが大事。ファーストタッチで相手の逆を突くことが非常に重要になる。ボールを受けるには、ディフェンスとボール、味方の状況を同時に把握できなければならない。理想は「斜めに降りてくる」ことだ。直線的に降りてしまうと、背後の情報を得られずにゴールの状況もわからないので、ボールを受けてから「どうしていいか」迷ってしまう

» ディフェンスの動きにも注意!

クサビの動きにディフェンスがついてこなかった場合がある。状況によっては、クサビを受ける選手より、スペースをカバーしたほうがいいと判断して、自分の元いたポジションに残る賢いディフェンスもいるからだ。その場合は、そのまま前を向いてシュートを打とう。ディフェンスがついてきていたら、コントロールから逆を突く

ここに注意!

» 真っ直ぐ降りてくるのはNG

図の状況は、ボールしか見ることができていない。ボールを受けることしか考えていないため、視野も狭くゴール前の情報も少ない。シュートまでのイメージがつくりにくくなるのだ

個人シュートドリル

ゴール前でさまざまな
動き出しからシュートを打つ

ねらい

Menu 014 4つの動きをイメージしてシュート

難易度	★★☆☆☆
時間	5〜10分

» 身につく技能

シュート技術
オフ・ザ・ボール
コンビネーション
状況把握
フィジカル

やり方

1. 図のように、オフェンス、出し手、コーンを配置する
2. 出し手の2人はパス交換をする
3. オフェンスはプルアウェイ、ダイアゴナルラン、ウェーブ、クサビの動きの4つの動き
   をイメージしながら動き出す
4. 出し手はオフェンスの動きをよく見て、タイミングを合わせて配球する
5. オフェンスはボールを受けてコントロールしてシュートを打つ。できるようになった
   ら、GKをつけて行う

配置図

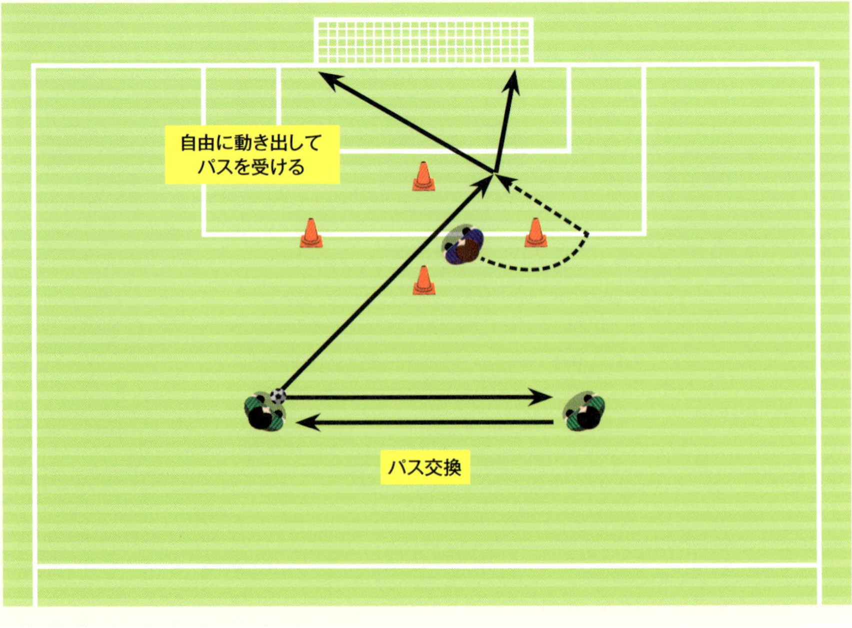

自由に動き出して
パスを受ける

パス交換

 ここに注意！

≫ がむしゃらに動くのはNG

淡々と4つの動き出しをやるだけではゴールに結びつく動きにはならない。ゴールへのイメージを自分のなかで必ずつくってから、そのイメージを実現させるように動き出してボールを受けるようにする

≫ ファーストタッチを疎かにしない

コントロールから素早くシュートを打つためには、ファーストタッチでボールを置く位置が非常に大切だ。動き出しを意識したトレーニングではあるが、ボールコントロールも疎かにせず、シュートに直結するファーストタッチを意識しよう

≫ GKと駆け引きするために2タッチから シュートするという意識をもつ

2タッチからのシュートと言うと、ダイレクトシュートができないから2タッチにする、というネガティブな理由に捉えられがちだ。そうではなく、ゴール前でより自分に有利な状況にもっていくために2タッチする、というポジティブな理由で2タッチに切りかえよう。ファーストタッチでGKを動かして2タッチ目でGKの逆を突いてシュートする技術だ

 Extra

シュート練習であっても運動量を増やす

この練習は、たとえば「シュートが全然入らなかった」という試合の後におもに行う。相手をつけず、リラックスした状態でシュート練習を行うのだ。また、シュート練習は、どうしても運動量が少なくなってしまう。そこで一工夫加えることで、二次的、三次的な効果も期待できる。たとえば、シュートを1本打ったら、ボールを拾って戻ってくる。あるいは、シュートを打ったら、ハーフウェイラインまで走って戻ってくる。並んで順番を待っている間、コーンをジグザグに走るなどでもいい。寒い日だと体を温める効果もあるし、何より走ることで気持ちを切りかえることも出来るのだ。隣のコートと2ヵ所で競争するのも、いいだろう。3本シュートを決めたら、上がってもいいとか、ゴールに置いたコーンに当てればOKで「外したらダッシュだよ」でもいい。子どもは目的をもって練習すると、食いついてくるし、より一生懸命になれるものだ

個人シュートドリル

ファーストコントロールから
シュートを打つ

Menu **015** さまざまなパスからシュート①

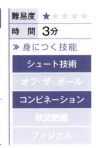

難易度	★☆☆☆☆
時間	3分

≫ 身につく技能
- シュート技術
- オフ・ザ・ボール
- コンビネーション
- 状況把握
- フィジカル

やり方

1. 図のように、6ヵ所の場所にボールを持った出し手と、中央にオフェンスを配置する
2. 出し手は順番にパスを出して、オフェンスはコントロールからシュートを打つ
3. シュートはニア、ファーに蹴り分ける
4. コントロールできるようになれば、GKをつけて行う

配置図

ポイント

① 出し手が主導権を握ってパスを出す。受け手が出し手に合わせてシュートを打つ
② グラウンダー、浮き球、バウンドボールなどパスにバリエーションをつける
③ 最初は1から6の順番でもいいが、慣れてきたら順不同に出していく（より実戦に近づける）。受け手が指定してもいいし、指導者が指示してもいい

ワンポイントアドバイス

≫ ボールを受けるまでに、ゴールの情報を入れる

ボールを受けることだけに意識を奪われないようにする。ゴール前ではタイミングが大切だ。パスの出し手とアイコンタクトでタイミングを取りながら、ボールを受けるタイミング、シュートを打つタイミング、ディフェンスの動き、G

Kの動き、ゴールの位置などをボールを受ける前に把握しよう。このトレーニングではディフェンスもGKもまだつけていないので、ここで相手との駆け引きや周囲を確認する習慣を身につけることが大切

ここに注意！

≫ ファーストコントロールでシュートコースを限定されないように

スムーズにシュートへもっていける位置にボールをコントロールすることが大前提ではあるが、シュートコースが限定されるような位置に置いてしまうと実戦的ではなくなってしまう。シュートを打ちやすく、かつGKにコースを読まれない位置へボールをコントロールするよう

にしよう。たとえば図のように、右足で打ちたいがために外側へコントロールしてしまうと、角度がなくなりシュートコースが限定されてしまう。また、パスが出てくる角度によって、都度置く位置を変えよう

39

個人シュートドリル

出し手とのコミュニケーションからボールを受けてシュート

ねらい

Menu **016** さまざまな角度の
パスからシュート②

難易度 ★★★★★
時間 3分

» 身につく技能
シュート技術
オフ・ザ・ボール
コンビネーション
状況把握
フィジカル

やり方

1. 図のようにコーンを設置し、6ヵ所の場所にボールを持った出し手と、中央にオフェンスを配置する
2. オフェンスはコーンの間を動いた後、パスが欲しいタイミングで好きな場所へボールを要求する
3. ボールを受けてコントロールからシュート、またはダイレクトで打つ
4. シュートはニア、ファーに蹴り分ける
5. コントロールできるようになれば、GKをつけて行う。また、パスの種類はグラウンダー、浮き球でバリエーションをつける

配置図

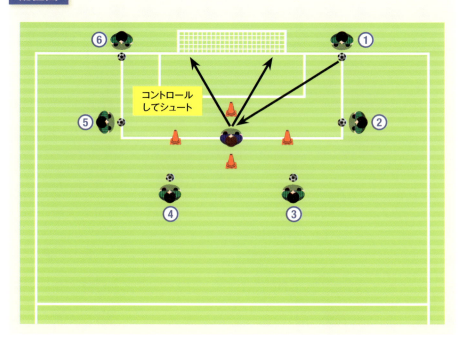

ポイント①
受け手が主導権を握る

このメニューでは、ボールの受け手がパスの出所を指定できる。どういうプロセスでゴールを奪うのか、常にイメージをしっかりと持ちながらボールを呼び込んでシュートまで持っていこう。「どのタイミングで」「どこで欲しいのか」、出し手とのコミュニケーションを取ることが大切

ポイント②
2タッチかダイレクトかの判断を明確に

パスを受ける流れのなかでGKの逆が取れているのなら、ダイレクトシュートを選択してGKのいない場所にシュートを打とう。逆にGKの動きが止まっているのなら、GKを動かす意識でコントロールして、2タッチでシュートしよう

ダイレクトシュート

ダイレクト

2タッチでシュート

コントロール

個人シュートドリル

ゴール前の混戦のなかで素早くシュートにもっていく

ねらい

Menu 017 複数の相手をかわしてシュート

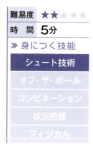

難易度 ★★★★★
時　間 5分
》身につく技能
シュート技術
オフ・ザ・ボール
コンビネーション
状況把握
フィジカル

パターン①

やり方

1. 図のようにコーンと、ボールを持ったオフェンスを配置する
2. オフェンスはドリブルでコーンへ向かう
3. 1つ目のコーンをかわして、2つ目のコーンの前で素早くシュートを打つ
4. 慣れてきたらGKをつけて行う

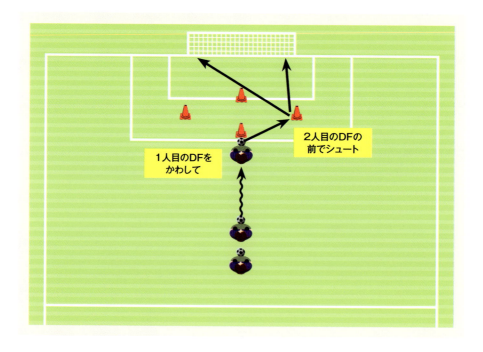

1人目のDFをかわして

2人目のDFの前でシュート

ポイント

① 常にシュートを打ちやすい位置にボールをコントロールする。ドリブルとシュートは同じタッチを心掛ける
② コーンを通過する際のドリブルは、大きくタッチで蹴り出さないようにスムーズに
③ コーン（ディフェンス）の位置をドリブルしながら確認し、ゴールへのイメージを持ってシュートする
④ 最初はゆっくり、徐々にスピードを上げていく

パターン②

やり方
1. 1つ目のコーンをかわすまではパターン①と同じ
2. 2つ目のコーンもかわして、3つ目のコーンの前で素早くシュートを打つ
3. 慣れてきたらGKをつけて行う

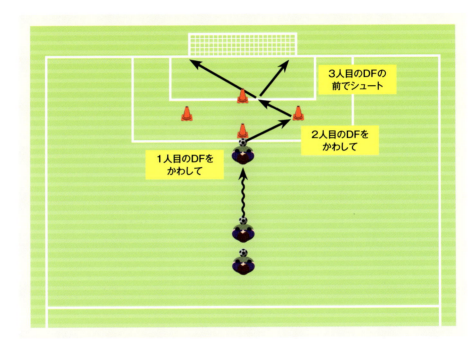

ワンポイントアドバイス

≫「抜き去る」と「かわす」の違い

ゴール前では、完全に相手を抜いてシュートするよりは、シュートコースができたら、すぐにシュートする意識が大切。相手ディフェンスのプレッシャーが強くて速い場合、抜き去ったとしても、GKからはボールが見やすく、シュートのタイミングもわかりやすいからだ。逆にかわしてシュートコースができたタイミングで素早くシュートを打てば、GKにとって、タイミングが取りづらく、かつ味方のディフェンスがブラインドになって見えにくいシュートとなる

ヘディング

ヘディングの基本を身につける

Menu 018 正面からのヘディング

難易度 ★★★☆☆
時間 5〜10分

» 身につく技能
- シュート技術
- オフ・ザ・ボール
- コンビネーション
- 状況把握
- フィジカル

やり方

1. ゴールポストのやや前あたりにコーンを並べる
2. GKがゴール中央でボールを手に持って立ち、オフェンスはペナルティーエリアのライン付近に立つ
3. GKはボールを持ったまま左右どちらかのコーンを回って走り、オフェンスへボールを投げる
4. オフェンスは、そのボールをヘディングでシュートする。スタンディング、ジャンピングの両方を行う

 なぜ必要?

» GKを動かす状況をつくる

コーンを回ることによって、実戦のようにGKが動いている状況をつくっている。ボールが投げられる間にGKの位置を確認し、逆をねらってシュートしよう。GKの移動に合わせて体の向きを素早く変えて細かくステップしながら、落下点に入ることも大切

 ここに注意!

» 正面からのボールにまずはしっかり当てること

少年サッカーにありがちなのは、ヘディングをした後に顔が下（地面）を見てしまうこと。首が固定されておらず、まだボールを怖がっている証拠だといえるだろう。大事なのは、ヘディングした後もボールを最後まで見ることだ。

ワンポイントアドバイス

≫ 当てるポイントはおでこの広いスペース

正面のヘディングはもちろんのこと、サイドからのボールに合わせて方向を変えるシュートを打つときも、ボールが当たるポイントはおでこの中央の広いスペース（眉間のあたり）である。ヘディングが思った方向に飛ばず、シュートの後に痛みがあるようなときはミートポイントを再確認しよう

≫ ジャンピングヘッドの跳び方を使い分ける

ゴール前の混戦などでディフェンスが近くにおり走るスペースがないときは、両足でジャンプする。スペースに対して走り込んでシュートをするときは、落下地点をしっかりと予測したうえ片足で踏み切ってジャンプしよう

両足ジャンプ

片足ジャンプ

Level UP!

あえて悪い体勢からヘディングする

単純に立った状態からヘディングするより、スタートでも変化をつけたほうが体力的なトレーニングにもなる。わざと悪い体勢をつくって、そこから良い体勢に立て直してシュートにいくことで、より試合と同じ状況に近づけたトレーニングとなる。以下の体勢から、立ち上がってヘディングしてみよう

① 座った状態から
② 座った状態から手を使わないで
③ うつ伏せから
④ 仰向けから
⑤ 前転してから
⑥ 横転してから

ヘディング

動きながらのヘディングシュートを身につける

難易度 ★★★☆☆
時間 5～10分

» 身につく技能
シュート技術
オフ・ザ・ボール
コンビネーション
状況把握
フィジカル

Menu 019 角度をつけたヘディングシュート

やり方

1. 図のように、オフェンス、ボールを手に持った出し手、コーンを配置する
2. オフェンスはペナルティーエリアの外からスタートする
3. オフェンスは左右どちらかのコーンを回ってゴール前に走り込む
4. 出し手はボールを投げる。オフェンスはそれに合わせてヘディングシュートをする
5. スタンディングとジャンピングの両方を行う

このメニューの動き方

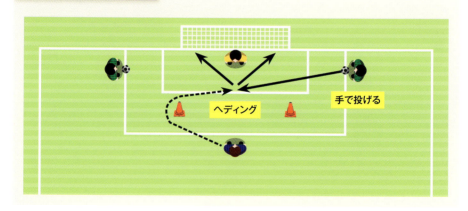

ポイント

①配球されるタイミングをしっかり計ろう
②動きながらGKの位置を確認しよう
③ディフェンスのマークを外すイメージで、コーンを回ってからスピードに変化をつける
④配球は高いボール、低いボールとバリエーションをつける。
⑤最初はスタンディングで。ボールの状況次第でジャンピングヘッドをやろう

ワンポイントアドバイス

» ボールの落下地点に正しく入るために

落下地点に正しく、早く入ることがヘディングでは特に大事になる。そのための練習として、キャッチボールは有効だろう。ボールが投げられる瞬間からよく見て、落下地点を予測して入り込む。ボールを手でキャッチすることが出来る場所に入り込めれば、ヘディングも可能ということだ（逆に野球のフライをキャッチする練習で、ヘディングを取り入れる例もある）。

❌ ここに注意！

≫ ヘディングした後の体の向きに注意

ヘディングした後、最後までボールを見ることは「正面のヘディング」でも説明した通り。角度をつけてゴール前に入り、角度を変えるヘディングシュートを放った場合でも、最後は体が正面（ゴールラインと平行）に向かなければならない。クロスシュート（Menu006など）ではボールを蹴る際に同様のポイントを解説したが、ヘディングであっても理屈は同じだ。自分の両肩を結ぶラインがゴールネットと平行になることを意識する

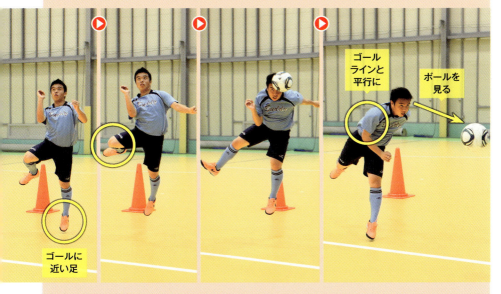

- ゴールラインと平行に
- ボールを見る
- ゴールに近い足

≫ 踏み切る足の使い方に気をつける

ジャンピングヘッドは、ゴールに近いほうの足で踏み切って、反対側（ゴールから遠いほう）の足で反動をつける。ゴールに向かって右からのボールであれば、左足で地面を踏み切るようにする

Extra
両方の足で跳べるように

ジャンピングヘッドは、両足、右足、左足のどれでも跳べるようになろう。右利きの選手が右足だけで跳ぶことはたやすいが、左足は難しい。そこで、普段から体の左側を意識的に使うように意識してみよう。たとえば、あえて利き手と逆の手でボールを投げたり、ご飯のときに左手でお箸を使ったりすることで、左側の神経を刺激すれば、左足もうまく使えるようになれるだろう

ヘディング

動きながらのヘディングシュートを身につける

Menu 020 下がりながらのヘディングシュート

難易度	★★★☆☆
時間	5〜10分

» 身につく技能

- **シュート技術**
- オフ・ザ・ボール
- コンビネーション
- 状況把握
- フィジカル

やり方

1. 図のように、オフェンス、ボールを手に持った出し手、コーンを配置する
2. オフェンスはペナルティーエリアの外からスタートする
3. オフェンスは出し手の位置まで走り、ボールに手で触れる
4. 出し手はゴール前中央付近へボールを投げる。オフェンスはそれに合わせて後ろに下がりながらジャンピングヘッドでシュートをする

このメニューの動き方

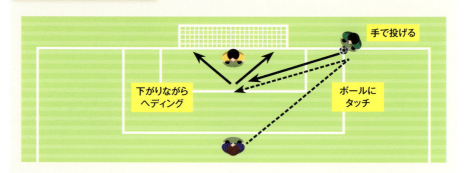

? なぜ必要？

» 得点につながる可能性が高いヘディングを身につける

下がりながらのヘディングは、ディフェンス側が対応しづらいので、オフェンス側にしてみれば得点できる確率が高いシュートと言えるだろう。その理由は、ディフェンスがボールと自分がマークする相手選手を同時に見られないからだ。ボールは前からくるのに、下がって対応しなければいけない。やりにくさは攻撃側にも言えること。下がりながらの難しい体勢から、いかに前方にパワーを伝えて、強いシュートを打つのか。体の使い方が大きなポイントになる

! ポイント

ボールから目を切らず、落下地点に早く入る

落下地点を予測しつつ、ボールからなるべく目を切らさない。一方で、ディフェンスやGKの動き、後ろから入ってくる味方の動きの情報も入れる必要がある

ワンポイントアドバイス

≫ クロスステップで落下地点に入る

バックステップで下がりながら、ジャンプするのも一つの手ではあるが、下がってから効率的に力を前に運ぶためには、クロスステップのほうが有効だ。体の向きはボールの軌道に合わせて変える必要があるので、どちらでもスムーズに足を運べるようにする

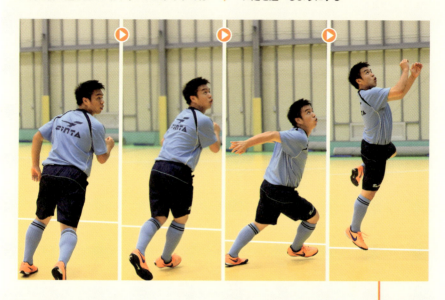

≫ 全身を使って パワーをぶつける

プロには下がりながらのヘディングのほうが得意だという選手がいる。筋力的な部分も大きいが、下がりながら体の使い方がうまく、後ろへの動きの反動を利用してしっかりとボールに力を伝えることができるからだろう。上体はボールを見ながら、下半身でクロスステップし、ゴールから近いほうの足で踏み切る。ジャンプして、ヘディングすると同時に、ゴールから遠いほうの足を体の前にクロスさせるように、反動の力を利用するのだ。ヘディングだと首から上に意識が向きがちだが、足や肩といった体の使い方を意識することのほうが大切だ。右方向、左方向のどちらでも出来るよう練習しよう

肩と足の力を使う

COLUMN 素足でのボールタッチ

　強いシュートを蹴るには、インステップキックがもっとも適している。「ここに当てればいちばん強く蹴ることができる」というスポットを知るには素足で練習することが良いだろう。ブラジル人選手は非常に高いキック精度を持っているが、その秘密は小さい頃から素足でストリートサッカーを経験していることが大きいのではないだろうか。

　ある国が代表戦でブラジルと対戦した際の話だ。その国は、事前にコーナーキックの対策していたにもかかわらず失点した。「ブラジルのキックはここに飛んでくるとわかっているのに、なぜ決められたんだ？」。そう監督に問い詰められた選手たちは、こう答えたそうだ。「本当に数ミリも狂わずに飛んできたんだ」。

　インステップでとらえる技術に差があるようだ。日本では「靴の前面」というやや曖昧な考え方をしていることが多いが、ブラジルはもっと細かい。ポイントが数センチ違うだけで、蹴った先では数メートルの違いとなって表れる。その細かな感覚の違いを、誰かに教わるのではなく小さい頃から素足で蹴ることで本能的につかんでいるのだろう。

　だから、素足でボールを蹴る練習をすべきだ。中高生は筋力が発達しているので、強く蹴ろうとすると逆に足を痛めてしまうことがあるが、幼稚園から小学校低学年までの子どもは、素足で蹴ってもダメージは少ないはずだ。バディーのジュニア世代にも、リフティングは素足でやらせている。普段は足に当てるポイントがズレていても靴の面に助けられているが、素足で蹴ると、足の面は平らではないため少しのズレがミスとなる。足の大きさや形は人それぞれ。バディーの子どもたちも喜んで、夢中にボールを蹴っている。

　すごい練習は必要ない。指導者が少しだけ目線、考え方を変えるだけで、子どもたちの伸びシロはいくらでも大きく変わっていくはずだ。

第2章
コンビネーションドリル

実戦においては、個人の技術だけでゴールを奪うのは簡単ではない。
複数人が絡むコンビネーションの流れを理解して体に染み込ませ、
ディフェンスラインを突破するイメージをつくり上げよう。

コンビネーションドリル
のねらい

? なぜ必要？

» ゴール前でシュートコースをつくるためには
複数人が関わるコンビネーションが必須
» 選手それぞれのイメージを
すり合わせるためには、基本となる動きの
流れを知っておくことが必要

✕ ここに注意！

» 周囲の状況を広く確認しながらタイミングを
合わせることを心掛ける
» パスが目的にならないようにする。
シュートを打ってゴールを奪うことが
目的であることを忘れない

複数人でゴールへの道を
切りひらく

選手が自分一人だけの力で、シュートを決めたように思える個人のドリブル突破や、意表をついたロングシュートであっても、複数の味方選手が周りでスペースをつくったことでゴールが生まれている。ゴールを奪うためには、さまざまな障害をクリアしなければならず、それには味方の協力が欠かせない。いわゆる連動した動き、コンビネーションでシュートまでもっていく。この章では、そうした練習を紹介していく。

個人でも、コンビネーションでも、シュートを決めるにはイメージを持つことが大切だ。イメージを持っていれば、体はスムーズに動くものだし、逆にイメージがないと「どうしようか？」と考えている間に、ボールを奪われてしまう。

また、常にゴール前の状況を観察し、判断することが大事だ。GK、ディフェンスの動き、そし

てコンビを組む味方の動きを常に視野に入れながら、次に予想されるプレーをイメージしながらプレーしてほしいと思う。そのために必要な練習が、この章で紹介するメニューだ。

ゲームで想定される、さまざまな流れを練習のなかで体感しながら、周りの状況を見て即座に判断する習慣をつける。最初はコーンをディフェンスと想定して、流れの練習に取り組む。それをやったうえで、次は実際の選手をディフェンスにつけるようにする。ただし、この段階ではボールを奪いにいかず、マークするだけとする。いきなり相手をつけて、プレッシャーのかかる状況で練習しても、ストレスが多く頭が整理できなかったりするからだ。まずは、コンビネーションの流れを覚えるためのトレーニングからはじめていこう。

個人シュートドリル

コンビネーションドリル

対人トレーニング

対人連携トレーニング

シュートゲーム

アジリティーシュートドリル

コンビネーションシュートドリル

ポストの選手にも周りを見る意識を持たせる

| 難易度 | ★☆☆☆☆ |
| 時間 | 5〜10分 |

≫ 身につく技能
- シュート技術
- オフ・ザ・ボール
- コンビネーション
- 状況把握

Menu **021** ポストプレーからシュート

やり方

1. 図のように、オフェンス2人とコーンを配置する
2. オフェンスⒶはポスト役のオフェンスⒷにパスを出す
3. ⒶはⒷからのリターンパスをダイレクト、または2タッチでシュートを打つ

このメニューの動き方

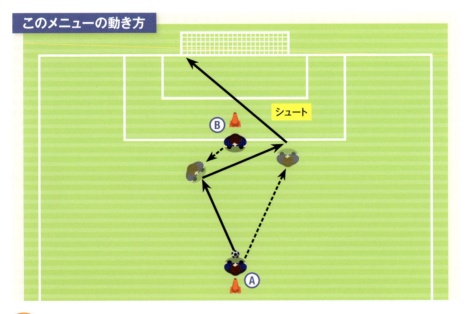

シュート

ワンポイントアドバイス

≫ **シンプルな練習だが細かい点に意識を向ける**

① ポスト役の選手は右に動いても、左に動いてもいいが、半身の体勢で降りてくる
② パスを出した選手は、リターンパスを受ける間にゴールの状況（GK、ディフェンス、味方の位置）を必ず確認する
③ 相手の状況をイメージしながら、ダイレクト、2タッチのシュートを使い分ける
④ ポスト役の選手は、こぼれ球をねらって必ずゴール前に詰める

Arrange

①ディフェンスに見立てたコーンを置く

図のようにコーンを2つ加えて同じように行う。ディフェンスがそこにいることをイメージして、コーンの間を通過してシュートを打つ。アレンジ前はGKがいるというイメージしか持てないが、コーンを置くことで、ディフェンスも見るという意識も持つことができる。コーンの間をファーストタッチで抜いて、ダイレクト、あるいは2タッチ目でシュートする

コーンを増やす

②ディフェンスをつけてパス交換から行う

ディフェンスの選手を1人つけ、オフェンスは2人のパス交換からはじめて実戦に近づける。ディフェンスはマークの動きだけで、実際にボールは奪わない。ポスト役の選手がボールを受ける際にディフェンスがついてくれば、クサビとなって味方にパスを出す。もし、ディフェンスがついてこなければ、ターンして自分でシュートにいく。どちらの選択肢が有効かは、パスを出した選手が走りながら指示する。ディフェンスの状況を必ず確認し、自分がフリーなら、「ヘイ！」とボールを呼び込む。ディフェンスがポスト役についていかなければ、ポスト役がフリーになるので、「ターン！」と声で指示を送る。ポスト役の選手もディフェンスを視野に入れて自分でも判断する事も大切

パス交換

❌ ここに注意！

» ポスト役は斜めに降りる

ポスト役の役割は、オフェンスへ単純にリターンパスを送るだけではない。視野を広く保って周囲の状況をしっかりと確認できるように、斜めに動いてボールを受けることが大切

» パス交換は受け手とのタイミングが大事

パス交換から行う場合は、常にボールを配球できる状況ではない。ボールが出し手の選手の足元に入る前でなく、ボールを持ったタイミングで動き出すことが大事。セットのタイミングをわかりやすくするため、ハンドパスでやってみるのもいい

55

コンビネーションシュートドリル

ゴール前の狭いスペースを有効に使う

Menu **022** スイッチプレーからシュート

難易度 ★★
時間 5〜10分

» 身につく技能
- シュート技術
- オフ・ザ・ボール
- コンビネーション
- 状況把握

やり方

1. 図のように、オフェンス2人とコーンを配置する
2. オフェンスⒶがもう1人のオフェンスⒷに向かってドリブルする
3. 2人が交差するタイミングで、ボールを受け渡す（スイッチプレー）か、受け渡さずにそのまま運ぶ
4. ボールを持っているほうがシュートを打つ。持っていないほうが、こぼれ球をねらって詰める

このメニューの動き方

❓ なぜ必要？

» **ゴール前のスペースが少ないときに有効**

ゴール前にスペースが少ない場合や、横にドリブルしてくる味方とスペースが重なったとき、相手の逆を取るために有効なのが"スイッチプレー"だ。ディフェンスにとっては、ドリブルする相手にマークについていって、自分の後ろにできたスペースにスイッチされると対応できないものだ

⚠ ポイント

ディフェンスの動きをイメージする

スイッチするかしないかは、ディフェンスの動きの逆を取るように判断する。ディフェンスが自分についてきたら、味方にスイッチする。ディフェンスがスイッチする瞬間に止まるようであれば、そのままドリブルして自分がシュートを打つ。まずディフェンスはつけずにイメージしながらやってみる。慣れてきたら、ディフェンスをつけてやってみよう。ここではディフェンスはボールを奪いにいかずに、ついてくるだけとする

ここに注意!

▶ ドリブルする足に注意して必ずボールを相手から隠す

相手ディフェンスがついてこなければ、利き足を使ってドリブルしたくなるもの。しかし、マークにつかれている状況では、ボールを奪われないよう、相手からボールを隠しながらドリブルすることが重要だ。ディフェンスはボールをもった選手と、ゴールを結ぶラインに入るので、横にドリブルする場合は「相手から遠いほうの足」を使うこと

ワンポイントアドバイス

▶ スイッチには足の裏を使おう

スイッチする際のボールタッチは、足の裏を使うとよりボールを動かしやすい。インサイド、アウトサイドなどでボールを渡そうとすると、スイッチのときに自分の足と味方の足がぶつかりやすく、タイミングも合いずらい。足の裏を使えば、足同士が衝突することもない。足の裏で引く振りをして、前に出すこともできるし、フェイントにもなる

足の裏で渡す

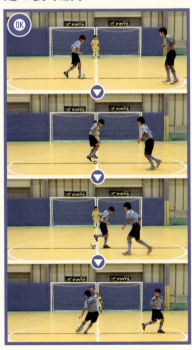

アウトサイドで渡す

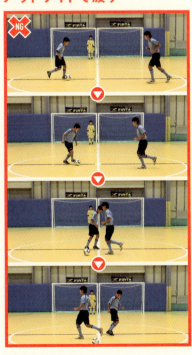

コンビネーションシュートドリル

サイドで2対1の有利な状況を使いこなす

Menu **023** オーバーラップからシュート

難易度 ★★
時間 5〜10分

≫ 身につく技能
シュート技術
オフ・ザ・ボール
コンビネーション
状況把握

やり方

1. 図のように、オフェンス2人とコーンを配置する
2. オフェンスⒶはポスト役のオフェンスⒷにパスを出す
3. ⒶはⒷを追い越すように外側を走る
4. ⒷはⒶにパスを出す
5. Ⓐはパスを受けて、ダイレクト、または2タッチでシュートを打つ

このメニューの動き方

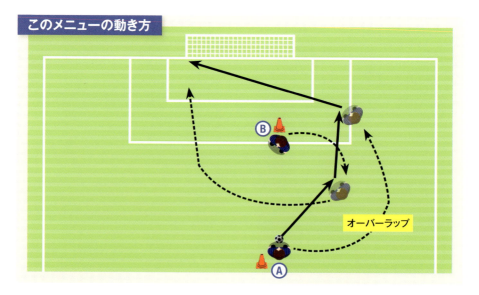

ポイント①
ポストプレーからサイドで2対1をつくる

パスを出した選手はポスト役の選手を追い越す動き（オーバーラップ）で、ラストパスを受ける。数的優位をつくってサイドを崩すのがねらいだ。シュートはダイレクト、2タッチを状況に応じて考えて打つのは、これまでと同様。慣れてきたら、ディフェンス、GKをつけて行う。

ポイント②
オフサイドを意識する

コーンをディフェンスの最終ラインとして設定する。オフサイドにならないように意識しながら、パスを出すタイミングや、オーバーラップするタイミングを練習しよう。走りのコース取りや、パススピードも大事だ。

🖐 ワンポイントアドバイス

≫ ポストの選手はボールの受け方が重要

ポスト役の選手は相手ディフェンスを背負うので、ゴールに対して後ろ向きでボールを受けることになる。だが、最初から体を後ろに向けていては、ディフェンス側も守りやすい。半身の体勢をとってボールを受けよう。そうすることで視野も広くなる。シュートも、パスも、ドリブルもできる位置にボールを置くこと

❌ ここに注意！

≫ サイドのコンビネーションは声によるサポートが不可欠

前を向いてパスを出す選手のほうが、ゴール前の状況がよく見える。リターンパスが欲しければ「ヘイ！」とボールを呼び、ポスト役がフリーになりそうなら「ターン！」など、声でサポートすることが大事になる。黙ってプレーしていてはコミュニケーションは図れない

Extra

ディフェンスの動きに応じてプレーを判断

このメニューはオーバーラップの動きを身につけるドリルトレーニングだが、状況によってはポスト役がターンして中へ切り込みシュートを打ってもいい。トレーニングとはいえ決められた通りにやるだけは判断力も身につかないし、プレーの幅も広がらない。常に、実戦を意識して最良の判断を行うようにする

コンビネーションシュートドリル

3人目の動きで最終ライン突破の可能性を高める

Menu **024** 3人目の動きからシュート①

難易度 ★★★
時間 5〜10分

≫ 身につく技能
- シュート技術
- オフ・ザ・ボール
- コンビネーション
- 状況把握

やり方

1. 図のように、オフェンス2人（Ⓐ とⒷ）、ポスト役（Ⓒ）、コーンを配置する。オフェンスはパス交換をしてから、降りてくるⒸにパスを出す
2. ⒸはⒷにパスを落とす。その間に、Ⓐはゴール前へ走り込む
3. ⒷはⒶにパスを出す。Ⓐはダイレクト、または2タッチでシュートを打つ。ⒷとⒸはこぼれ球をねらってゴール前に詰める

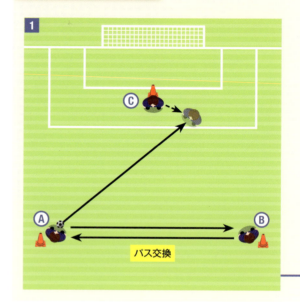

このメニューの動き方

ポイント

ダイレクトパスが有効

ゴール前はディフェンスもボールへの意識が強く、トラップをしているとすぐに相手が詰めてくるので思うようにプレーができる時間は少ない。タイミングを図って3人が連動するのは難しいが、ダイレクトパスで素早く崩すイメージを持とう

なぜ必要?

≫ 2人から3人にして、ディフェンスの意識を拡散する

オーバーラップとの違いは、2人による崩しを3人に増やしたことだが、なぜ3人にするのかというと、最終ライン突破の可能性をさらに高めるためだ。2人の動きだと、ボールを持つ選手とボールを受ける選手の関係だけ。3人目がプレーにかかわることができれば、選択肢も増えてディフェンスの意識も拡散できるというわけだ

Extra

うまくいかない場合は

当然、お互いの意図が合わずにパスがずれてうまくいかない場合もある。そんなときには、必ずコミュニケーションを取ること。お互いがどういう意図でプレーをしたのかを確認しあって、次のプレーに活かしていこう。失敗を失敗のまま放っておかないように

これは動きの一例にすぎない。3人目の動きをあえて使わずにポスト役からのリターンパスからそのままシュートしても良い。ひとつの動き方にこだわるのではなく、いろいろな動きをイメージしておこう

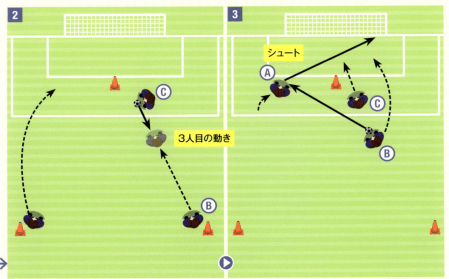

ワンポイントアドバイス

>> アイコンタクト、コミュニケーションが大事

3人による崩しなので、より判断やタイミングが難しくなるが、最終ラインを突破できれば、チャンスは広がり、ゴールの可能性も高くなる。そのために必要なのが、お互いのアイコンタクト、コミュニケーション。ランニングするときは、どの選手も相手（GK、ディフェンス、そして味方も）をイメージして走らなければならない。また、直線的な動きより、ディフェンスがつかまえにくい斜めの動きで進入することも大事だ

コンビネーションシュートドリル

ディフェンスの逆を突いて斜めの動きで崩す

Menu **025** 3人目の動きからシュート②

難易度	★★★☆☆
時間	5～10分

» 身につく技能

- シュート技術
- オフ・ザ・ボール
- コンビネーション
- 状況把握

やり方

1. 図のように、オフェンス2人（ⒶとⒷ）、ポスト役（Ⓒ）、コーンを配置する。オフェンスはパス交換をしてから、降りてくるⒸにパスを出す
2. Ⓑは斜めに走り込みながらⒸからの落としのパスを受ける。その間に、Ⓐはクロスするように斜めにゴール前へ走り込む
3. Ⓑはゴール前に持ち込んでシュートを打つ。ⒶとⒸはこぼれ球をねらってゴール前に詰める

ポイント

大事な点をおさらいしておこう

① シュートを打たない他の選手は、必ずゴール前に詰める
② 3人のアイコンタクト、コミュニケーションをしっかり取る
③ ワンタッチで素早く崩すイメージを持つ
④ GKを入れる場合は、ファーストタッチでGKと駆け引きをしてシュートする

Extra
3人目の動きをGKの視点から確認

GKの視点で、3人目の動きがどう見えているのか確認してみよう。視野の外から3人目が進入してくることで、GKを含めたディフェンスに戸惑いが生まれる理由がわかるだろう

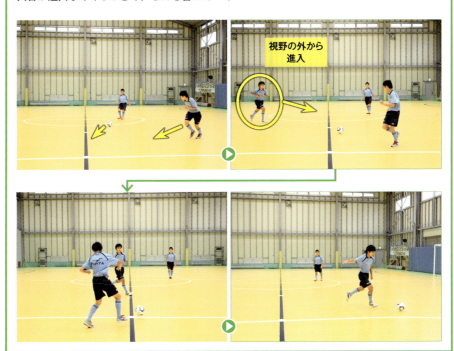

ワンポイントアドバイス

≫ FWがつくったスペースをうまく使う意識を持つ

Menu024では、ボランチ（Ⓐ）からの縦パスをFW（Ⓒ）の選手が斜めに降りてきて受け、サポートに入った3人目の選手（Ⓑ）にボールを落とし、オーバーラップしてきたサイドバックがスルーパスを受けるのをイメージの1つとしていた。このメニューでもやり方は、FWが斜めに降りてボランチからのパスを受けるまでは同じだが、そこから斜めに入り込む3人目のサイドハーフにスイッチして最終ラインを突破するイメージだ。どちらも、FWの選手が相手ディフェンスを動かした後に生まれたスペースを活用するという点では同じ。ディフェンスがケアするスペースの逆を取るためには、ボールの出し手より素早く3人目の選手がサポートすることが重要になるのだ

コンビネーションシュートドリル

オフサイドラインを意識しながら最終ラインを突破する

Menu **026** 狭いエリアからライン突破

難易度	★★
時間	5〜10分

≫ 身につく技能

- シュート技術
- オフ・ザ・ボール
- コンビネーション
- 状況把握

やり方

1. 図のように、7〜10m四方のエリアをペナルティーエリアの前につくり、4人を配置する。ペナルティーエリアのラインをオフサイドラインとする
2. エリアのなかで、ランニングしながら自由にパスを回す
3. タイミングを図ってゴール前に飛び出してパスを受け、シュートを打つ

このメニューの動き方

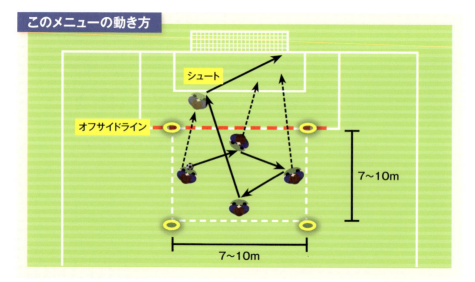

？ なぜ必要？

≫ 最終ライン突破のイメージを4人で共有

今までやってきた、2人のコンビネーション、3人による崩しなどのイメージを共有するためのトレーニング。4人でボールを回しながら、最終ラインを突破してシュートに結びつける。4人で意識を共有することがねらいなので、自然と会話することが多くなるだろう。味方同士コミュニケーションを取って連動するプレーを身につけることがねらいのためディフェンスはつけない

Level UP!

エリア間を移動しながらボールを回す

図のように狭いエリアをたくさんつくって、複数のグループが同時にパス交換をしながら、オフサイドにならないよう、隣のエリアに移動していくという練習も面白い。たとえば、3×3＝9個のグリッドに分けて、パス交換を行うグループを4つ程度にする。移動して良いエリアは縦、横だけで、斜めに動くのはNGというルールとする。縦に移動するのか、横に移動するのかによって、最終ラインも変わるので、互いのコミュニケーションが欠かせない。あるいは、他のグループとエリアが重ならないように、自分のグループ以外の周囲にも注意を払う必要もある。縦に動けないなら、横に動く。そのためには、どうすればいいか。切りかえの意識も速くなるし、視野も広くなるなど、メリットも豊富になってくる

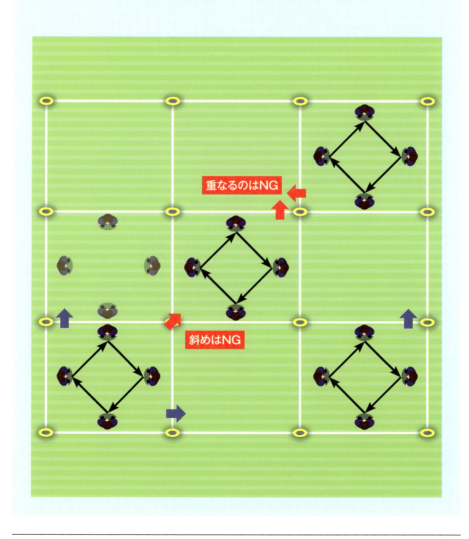

コンビネーションシュートドリル

4人が連動したコンビネーションの崩しからゴールをねらう

Menu **027** トライアングルから
クサビを入れてシュート

難易度 ★★★★★
時間 5〜10分

≫ 身につく技能

| シュート技術 |
| オフ・ザ・ボール |
| コンビネーション |
| 状況把握 |
| フィジカル |

やり方

1. 図のように、オフェンス3人（Ⓐ、Ⓑ、Ⓒ）、ポスト役（Ⓓ）、コーンを配置する。ペナルティーエリアのラインをオフサイドラインとする
2. Ⓐ、Ⓑ、Ⓒはトライアングルでパスを回す
3. パスを回しながら、Ⓓはタイミングを図って降りてきてボールを受ける
4. 4人の連動性を意識しながら、ゴールを目指してシュートまでもっていく

このメニューの動き方

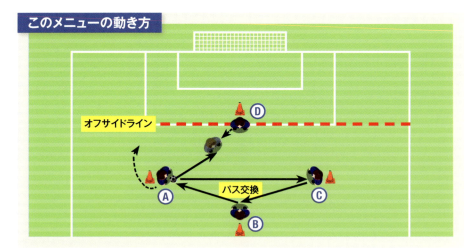

? なぜ必要？

≫ FWをサポートする3人の動きが重要

Menu026の練習と似ているが、FWの1人がオフサイドラインに設定したペナルティーエリア手前のラインに構えたところからスタートする。後方の3人はトライアングルでボールを回しながら、FWが動いた瞬間、FWにクサビのボール出す。FWにボールが入ってからは、他の3人はランニングコースが重ならないように動くことがポイントになる。より3人目の動きのレベルを上げるため、たとえば「同じ選手にリターンパスは禁止」というルールを設ければ、ボールに触れないまま終わる、という選手は少なくなる

❌ ここに注意！

≫ リターンパスは禁止とする

最初にクサビを入れた後のリターンパスはOKだが、それ以降は同じ選手にパスを戻すことを禁止とする。3人目の動きを積極的に活かしてもらうためには、パスの出し手と受け手の2人の関係性でのプレーは極力減らす必要があるからだ

≫ いつでも出せる準備をする

パス回しを行う際、常に、FWへクサビのパスを通すイメージを持ちながらプレーしよう。いつでもFWに出せる位置にボールをセットすることが大切だ

リターンパス禁止!

👆 ワンポイントアドバイス

≫ いろいろなパターンの動きで崩しにかかろう

このメニューでは、選手の動き方の指定は特にしていない。攻撃の人数が増えたなかで、ここまで学んできた動きを積極的に取り入れながら、最終ラインを崩すイメージでコンビネーションを形成していこう。図は、崩しのパターンの一例だ。アイコンタクトや声でのコミュニケーションが大切なのはこれまでと同じ

センタリングからのシュートドリル

受け手と出し手のタイミングを合わせてセンタリングを上げる

Menu **028** センタリングからシュート①

難易度	★★★
時間	10～15分

≫ 身につく技能
- シュート技術
- オフ・ザ・ボール
- コンビネーション
- 状況把握

やり方

1. 図のように、オフェンス、GK、コーンを配置する
2. サイドで、列に並んだ後ろの選手が縦にパスを出す
3. 列の先頭の選手はそのパスに追いついて中へセンタリングを上げる
4. 中央の2人のオフェンスはゴール前に進入して、センタリングに合わせてシュートを打つ
5. 左右両サイドから行う

このメニューの動き方

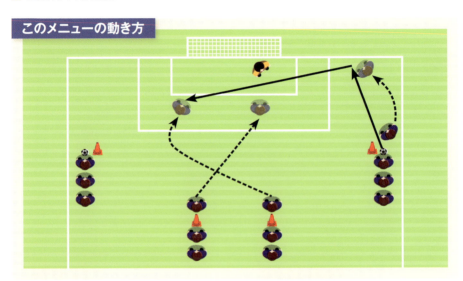

⚠ ポイント①
まずは受け手が優先の練習

最初はパスが転がっている時間を長くして、ランニング中にゴール前の状況を見ることができ、良いセンタリングを上げやすくする。それにより、中の選手が欲しいタイミングでボールを上げられるようにする。つまり、パスの出し手が「受け手に合わせる」練習となる

⚠ ポイント②
中に入る選手は細かく動き直す

ディフェンスのマークを外すイメージをもってゴール前に走り込み、センタリングが自分に入らないと判断したら、すぐにこぼれ球をねらうポジションへ移動してGKにプレッシャーをかける

❌ ここに注意！

≫ センタリングのコースに重ならないように

センタリングに対して、中に入り込む選手の一直線上に並んでしまうと、パスコースの選択肢がなくなってしまう。ポジションが重ならないようにしよう

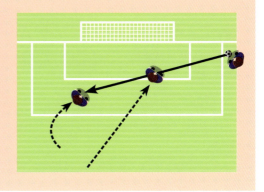

Level UP!

点を取りやすいエリアを意識

ゴールエリアの両角のエリアは、点が取りやすいエリアだ。このエリアを取れた選手は、GKを見てシュートも打てるし、中にパスも出せるという2つの選択肢を手に入れられる。試合で主導権を握るためには、ゴールエリアの角を取ること。シュートコースは少し狭まるが、パスを出す振りをしてシュートが打てるし、シュートを打つ振りからパスも出せる

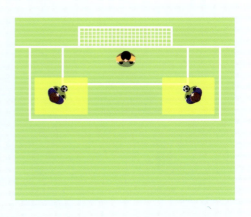

Arrange
ドリブルからはじめる

サイドの選手が、ドリブルでスタートするパターンもやってみよう。受け手と出し手の間での声やアイコンタクトでのコミュニケーションによって、タイミングを合わせることがより大切になる。ボールと離れている時間が大きくならにように、いつでもセンタリングを上げられるドリブルをしよう

👆 ワンポイントアドバイス

≫ ドリブルのタッチは細かくする

ドリブルからセンタリングを上げる場合、どのタイミングでセンタリングを上げるのか、GKやディフェンスにわからないような細かいドリブルのタッチが理想的。そうすることでいつでもセンタリングを上げられるようにする。ゴールを奪える一瞬のタイミングを見逃さないことが大切。当然、チャンスがあればシュートをねらってみる

センタリングからのシュートドリル

センタリングに3人の選手が合わせてシュートする

Menu **029** センタリングからシュート②

難易度 ★★★☆☆
時間 10分

≫ 身につく技能
シュート技術
オフ・ザ・ボール
コンビネーション
状況把握

やり方

1. 図のように、オフェンス、GK、コーンを配置する
2. サイドで、列に並んだ後ろの選手が縦にパスを出す
3. 列の先頭の選手はそのパスに追いついて中へセンタリングを上げる
4. 中央の2人と逆サイドの1人のオフェンスはゴール前に進入して、センタリングに合わせてシュートを打つ
5. 左右両サイドから行う

このメニューの動き方

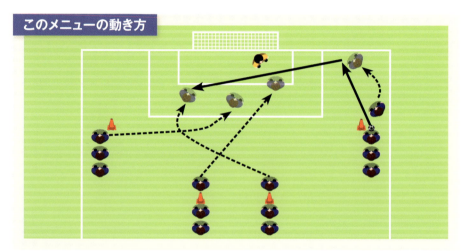

? なぜ必要?

≫ **入り込む人数を増やすだけでもねらいは変わる**

このメニューは、Menu028と同じ設定で、ファーサイドから入り込む1人を増やしただけである。しかし、それだけの違いだが、トレーニングのポイントは変わってくる。まず、センタリングを上げる側は、出し先の選択肢が増える。選択肢が増えるとチャンスが広がる一方で、より見なければいけない人数も増えるので、しっかりとした判断力が問われる。ボールの受け手側は、動きが被る可能性が高まり、より味方同士のコミュニケーションも大事になってくる。人数が増えればゴールを奪うのが簡単になる、というわけではないのだ

Arrange

さまざまなアレンジパターンで練習しよう

①ドリブルからセンタリング

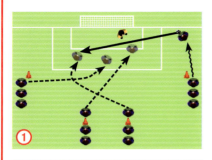

Menu028のアレンジ同様に、センタリングを上げる選手がパスではなくドリブルからスタートする。ゴール前の選手が出し手に合わせる意識を持つというポイントは同じだ

②ゴール前にコーンを置く

ゴール前にディフェンスに見立てたコーンを置く。ディフェンスは、ボールとマークする選手を同一視野に入れたほうが守りやすい。ディフェンスの心理としては、自分の方向にボールが向かってくれば、前に出ずにその場で足を止めてクリアしようとしがち。視野の外から先に前に入ってシュートをねらう

③ディフェンスを1人つける

センターバック役のディフェンスを1人つけるが、ボールは奪いに行かない。マークにつくだけとする。オフェンス、特にセンタリングを上げる選手はマークの状況を見てしっかりと判断して、マークにつかれた選手以外の2人（ニア、ファー）を目がけてセンタリングを上げるというトレーニングだ

 ワンポイントアドバイス

» 重なったら声を掛ける

センタリングに対して、2人ないし3人のコースが重なってしまったら、1人がスルーするなどしてGK、ディフェンスの目線をずらすと良い。後ろの選手が、「スルー！」と声を掛けるように

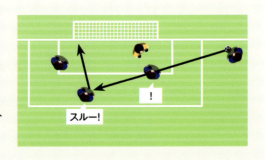

センタリングからのシュートドリル

コンビネーションでサイドを崩してセンタリングをあげる

Menu **030** センタリングからシュート③

難易度 ★★★☆☆
時間 10分

» 身につく技能
- シュート技術
- オフ・ザ・ボール
- コンビネーション
- 状況把握
- フィジカル

やり方

1. 図のように、オフェンス3人（Ⓐ、Ⓑ、Ⓒ）、GK、コーンを配置する
2. ⒶがⒷに縦パスを入れる。Ⓐはパスを出したらオーバーラップする
3. ⒷはⒸにパスをする
4. ⒸはⒶへスルーパスを出す。ⒷとⒸはゴール前に走り込む
5. Ⓐはセンタリングを上げ、ⒷとⒸはそれに合わせてシュートを打つ
6. 左右両サイドから行う

このメニューの動き方

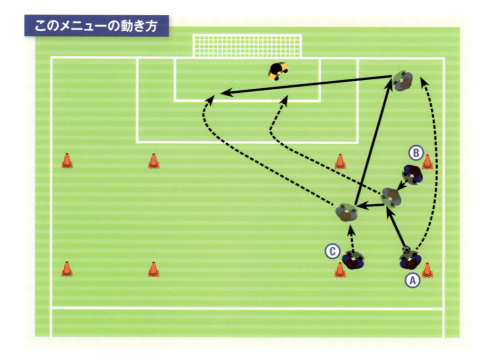

⚠ ポイント 慣れてきたらディフェンスを1人つける

ペナルティーエリア内に1人だけ、ディフェンスを置くのも良い。ディフェンスはマークするだけで、ボールは奪わないようにする。オフェンスはマークされていない選手にパスを出す

なぜ必要？

» 流れを身につける練習からの発展させたトレーニング

今までやってきた「3人目の動き」「最終ラインを突破のイメージ」「トライアングルからクサビ」などの動きの流れを身につける練習から、センタリングシュートにいくという練習だ。ゴール前で行ってきたが、当然、ピッチのどこであってもその動きは有効である。コーンで囲まれたエリア内で、オフサイドラインを意識しながらトライアングルパスからコンビネーションをつくり、サイドを突破しよう。なお、この形は基本だが、AとCがパス交換ではじめたり、形を覚えるためにはグリッド内で何度もボールを回したりしても良い

ワンポイントアドバイス

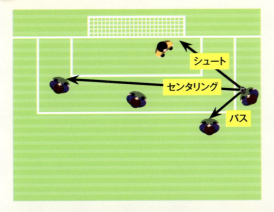

» サイドの選手は複数の選択肢がある体の向きを意識

サイドでボールを持った選手の選択肢は「シュート」「センタリング」「パス」がある。いつでも、どれでも出せるような体の向きでボールを置こう。サイドであっても常にシュートを打つ意識を持つことも大事だ。GKの視点から、次の行動が予測しやすい体の向け方になっていないか確認するのも良いだろう

▲複数の選択肢がある体の向き

▲縦へのドリブルからセンタリングしか選択肢がない体の向き

COLUMN チームのため？ 自分のため？

バディーが教えているのはサッカーだけではない。いちばん大きな仕事は幼児に対する体育指導だ。3〜5歳の子どもを教えることがあるが、小さい子どもほど、「点を取りたい」「負けたくない」という気持ちが内側から出てくるのを感じる。

だが、成長してくるにつれて、だんだんと周りの評価を気にするようになる。「コーチやお父さん、お母さんに褒められたい」という気持ちが強くなっていく。これまでの指導経験のなかでは、いろいろな事を伝え、失敗をすぐに修正しようとするがために、周りからの評価ばかりを気にしすぎる選手をつくってしまったと反省することもある。

「チームのために」は良い言葉なのだが、誰かのためにと考えると緊張するものだし、失敗した場合のことを考えてしまう。そうではなく、「早く試合に出て活躍したい」という部分を伸ばしてあげることこそ大事だ。「オレが点を取ってやる！」と

いう、内側からにじみ出てくる強い気持ちを育てなければならない。

たとえば、ゴール前でシュートとパスの両方の選択肢があったのに、シュートを選択して外してしまったとする。そこで指導者が「逆のフリーの選手見えていた？」と伝える。それしか伝えてないにもかかわらず、次のプレーでは横にパスを出してしまう。選手の判断ではなく、指導者の導きにそのままのってしまったプレーだ。

だから、指導者は結果だけ見て伝えるのではなく、選手の気持ちを考えてあげ、尊重しつつ伸ばしてあげることが必要だ。昔の子どもには、何と言われようと、「とにかくシュートを打つ、点を取る」という選手が多かった。指導者が自由にさせてくれたからではないだろうか。今の子どもたちのほうが技術的には絶対にうまいのだが、教えることが増えたぶん、指導者にも教え方のさじ加減が大事になってくる。

第3章
対人トレーニング

ゴールを守るディフェンスやGKをくぐり抜けるには、
1対1の勝負に勝つことが必要だ。
相手の動きを見て逆を取ることができれば、ゴールはすぐそこだ。
目の前の敵に打ち勝つ力を身につけよう。

対人トレーニング
のねらい

? なぜ必要?

- ≫ ゲームの最小局面は相手との1対1であり、そこで打ち勝つ強さが必要となる
- ≫ 意図を持って相手を動かし、その動きの逆を取ることでゴールへと近づく

✕ ここに注意!

- ≫ 目の前の相手に集中するあまりに視野が狭くならないようにする。ディフェンスとGK、味方を常に一緒に見るように
- ≫ ディフェンスのプレッシャーがあるなかでも、慌てずに自分の持っている技術を出すことを意識する

目の前の相手との勝負に
打ち勝つ力をつける

　この章では、GK、ディフェンスとの1対1からシュートを決めるためのメニューを紹介していく。個人技による突破でも、コンビネーションで崩した後の突破でも、最後はGKとの1対1を制することができなければ、ゴールを奪うことはできない。サッカーは複数人で行うスポーツではあるが、最小の局面では常に1対1、あるいは2対1の戦いが繰り広げられるのだ。そういったシーンはもっとも緊張する場面だが、そこにいたるまでの準備がしっかりできれば、落ち着いて決められるはずだ。

　よく聞かれる話だが、シュートを決めるのが上手な選手は「ゴールするまでの自分の動きが、頭の中で映像として流れている」という。普段からゴールへの道筋が頭にイメージできていて、そのイメージ通りに体が反応するということであろう。つまりそういう選手は「2回、点を取る」ということだ。頭の中のイメージでゴールを奪い、実際のプレーでもゴールを奪う。イメージをたくさんつくるには、いろいろなシチュエーションから、1対1の練習に取り組むことが大切だ。点を取るための選択肢をたくさん持っている選手は、チャンスに強くなれるはずだ。

　メニューの序盤は、複数のボールを使ったり、GKやディフェンスがコーンを回るなどのルールを設けたりして、相手が動く状況をつくり上げたなかでトレーニングを行う。ここで、相手が動いているなかで「逆を取る」という感覚をまず身につける。次第にゲームに近い状況で、相手との駆け引きのなかで意図を持って相手を動かすメニューに発展させていく。一つずつ段階を踏んで取り組み、目の前の相手に勝つための技術力、そして判断力を養っていこう。

GKとの勝負を制する

GKと駆け引きして逆を取るシュートを打つ

Menu **031** 4個のボールでシュート①

難易度 ★
時間 5〜10分

≫ 身につく技能
シュート技術
状況把握

やり方

1. 図のように、オフェンス、GK、ボールを配置する
2. 片側の4つのうち好きなボールをシュートする
3. 反対側に移動して、好きなボールをシュートする
4. 左右交互に行う。8つのボールをランダムにシュートしても良い

このメニューの動き方

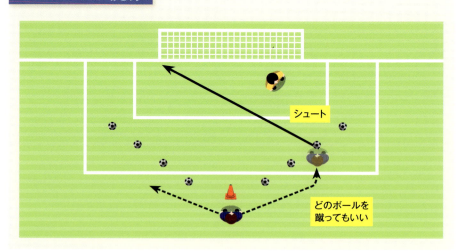

❓ なぜ必要？

≫ GKとの駆け引きを覚える

Menu031の練習にディフェンスを1人加えて、「4個のどのボールをシュートしてもいい」というルールはまったく同じ。しかし、ディフェンスがいることでシュートをブロックされる可能性がある一方で、ディフェンスを利用してシュートをねらうという選択肢も出てくる。ディフェンスが入ることで、シュートしづらくなるが、うまく利用することで、逆に攻撃側が有利にもなるということを体感してほしい。ゴールを奪う可能性を高めるプレーを意識しよう

ワンポイントアドバイス

» GKの逆をつく意識が大切

このトレーニングでは、空いているコースにシュートを打つというよりは、GKを動かして逆を突くようにシュートを打つことを意識する。GKはボールの角度によってポジションを変えるので、その動きを利用するようにフェイントをかけて、シュートコースをつくろう。理想は、GKが逆を取られることで反応できない状況のシュートだ

ここに注意!

» 左右交互に行う

どのボールを蹴っても良いが、左右交互に移動しながら行うことで、よりGKの動きは大きくなるため逆を取る感覚を身につけやすいトレーニングとなる。運動量は多くなるが、ねらいを理解したうえで取り組むことが大切だ

» 自分のタイミングを大事にする

シュートを打つ前にGKを見ると、GKもシュートしてくるタイミングが取りやすい。だから、シュートするタイミングを「GKに教えない」という意識が重要になる。GKに合わせるのではなく、自分のリズムにもっていって、GKの逆を突いたときにシュートを打つ意識でやってみよう

Extra
GKも交代で経験しよう

シュートを蹴った選手も、GKを経験してみよう。シュートを「決めよう」だけでなく、シュートを「止めよう」という経験も、きっとプラスになるはずだし、GKの経験が楽しく感じられるはずだ。「どのように動かれたら、シュートに反応しづらいか」がわかれば、シュートのコツもつかみやすくなるだろう

Level UP!
最後のボールが勝負の見せどころ

7つのボールを蹴り終わって、最後のボールになったとき、GKも蹴るボールがわかり静止するので、本当の1対1の勝負になる。空いたスペースに、いかに強いシュートを打てるか、が勝負を分ける。最後のボールは2タッチして良いので、自分が主導権を握って、GKを動かすことが最大のポイントだ。基本は利き足で蹴るのがいいが、完全に逆を取って、あとは流し込むだけの状況になったときは、逆足でもインサイドで蹴ったほうが確率が高い。状況に応じて、逆足でも蹴られるようにしておこう

GKとの勝負を制する

GKとディフェンスを相手に駆け引きして逆を取るシュートを打つ

難易度 ★★☆☆☆
時間 5～10分

» 身につく技能
シュート技術
オフ・ザ・ボール
コンビネーション
状況把握
フィジカル

Menu **032** 4個のボールでシュート②

やり方

1. 配置は、ディフェンスを1人追加する以外はMenu031と同じにする
2. オフェンスは片側の4つのうち好きなボールをシュートする
3. ディフェンスはオフェンスの動きに合わせてシュートブロックのみする
4. 反対側に移動して、好きなボールをシュートする。
5. 左右交互に行う。8つのボールをでランダムにシュートしても良い

このメニューの動き方

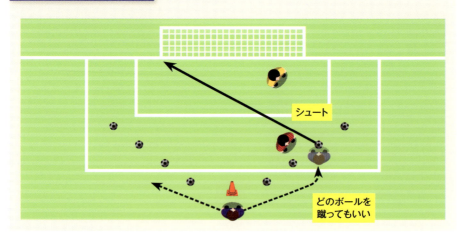

? なぜ必要？

» **ディフェンスを利用してゴールの可能性を広げる**

Menu031の練習にディフェンスを1人加えて、「どのボールをシュートしてもいい」というルールはまったく同じ。しかし、ディフェンスがいることでシュートをブロックされる可能性がある一方で、ディフェンスを利用してシュートをねらうという選択肢も出てくる。ディフェンスが入ることで、シュートしづらくなるが、うまく利用することで、逆に攻撃側が有利にもなるということを体感してほしい。ゴールを奪う可能性を高めるプレーを意識しよう

!ポイント

ディフェンスを利用してGKから見えないシュートも打てる

「GKの逆を取る」目的は一緒だが、今度は「ディフェンスをブラインド（あるいはカベ）」にしてGKの逆を取ることもできる。つまり、GKが見えないようなシュートを打つのだ。ディフェンスはゴールとボールの間に立って（あるいは足を出す）シュートコースを消しにくるので、GKもボールが見えにくいわけだ。そこで、インフロントで巻いていくシュートが使えるし、ディフェンスがシュートブロックにいこうとして、足を上げた瞬間の股の下をねらって打つなど、いろいろ工夫できる。第1章のドリルでも述べたように、ディフェンスを"完全に抜き去って"からシュートするのではなく、"かわして"シュートする意識をもって行うことが大事だ

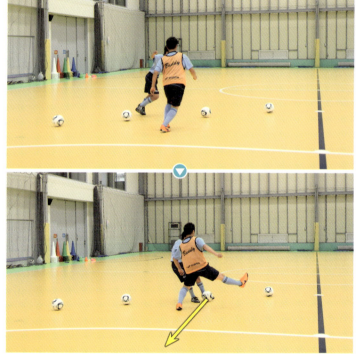

◀ディフェンスに隠れて相手の動きが見えない状態から

◀足を上げた股の下をボールが通るとGKは反応しづらい

ワンポイントアドバイス

≫ ディフェンスとGKの状況を一緒に見る

目の前で1対1を挑んでくるディフェンスやシュートを打ちたいボールばかりに意識がいきがちになるが、ディフェンスに集中しすぎると、今度はGKの状況が見えにくくなる。常に「ディフェンスとGKを同時に見る」という意識を高めていこう

GKとの勝負を制する

GKのタイミングを外して
ドリブルからシュートを打つ

難易度 ★★
時間 5～10分
» 身につく技能
シュート技術
状況把握

Menu **033** コーンの間からドリブルシュート

やり方

1. 図のように、オフェンス、GK、コーン（4～5つ）を配置する
2. オフェンスは中央からコーンに沿ってドリブルをして、ディフェンスに見立てたコーンの間からシュートを打つ
3. どのコーンの間から打っても良い

このメニューの動き方

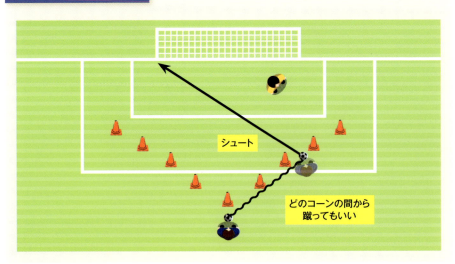

シュート
どのコーンの間から蹴ってもいい

？ なぜ必要？

» シュートを打つタイミングをGKに教えない

ゴール前でドリブルからシュートを打つシーンは当然ながらたくさんある。そのときに、シュートのコースや強さは大切だが、それ以上にタイミングも大切だ。ただ漠然とドリブルからシュートを打つのではなく、GKにシュートを打つタイミングを教えないような動きをこのメニューで身につけよう

ワンポイントアドバイス

≫ ドリブルとシュートのタッチのタイミングを同じにようにする

ドリブルからシュート体勢に入ろうとすると、どうしても最後のタッチが大きくなる傾向が強い。ゴールの方向に転がしてから、シュートを打つ光景もよく見られる。これでは、シュートを打つタイミングをわざわざGKに教えているようなものだ。打つ側としてはシュートを打つための最善の準備ができるのだが、裏を返せば、守るGK（ディフェンスも同様）にしてみても、止めにいく準備がしやすいというわけだ。得点することも難しくなる。ドリブルすることでGKを動かし、その瞬間を見逃さずに逆を突いてシュートする。また、コーンをブラインドに使って、GKがボールを見にくい状態からシュートする意識も忘れずに

▲タッチが大きくタイミングが取りやすい

▲タッチが細かくタイミングが取りずらい

ディフェンスとの勝負を制する

GKの逆を突く、あるいはGKを抜いてシュートする

Menu **034** コーンを回ってシュート

難易度 ★★
時間 5~10分
» 身につく技能
シュート技術
状況把握

やり方

1. 図のように、オフェンス、ボールの出し手、GK、コーンを配置する
2. オフェンスは手前のどちらかのコーンを走って回る
3. GKは、オフェンスが回ったのと反対側のコーンを走って回る
4. オフェンスがコーンを回ったら、出し手からパスを受ける
5. パスを受けたら、ダイレクト、あるいは2タッチからシュートを打つ

このメニューの動き方

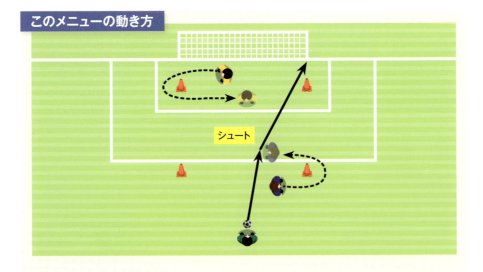

？ なぜ必要？

» GKが動いている状況をつくり出して利用する

GKが待ち構えているところにシュートを打つのではなく、オフェンス主導でGKが動かされている環境をつくっている。オフェンスもGKもそれぞれ逆方向に大きく動いているため、走りながらGKの体の向き、ポジションを確認することはここでも大切。GKの逆を突くことをねらうメニューだが、チャンスがあれば、GKを抜いてからシュートしてもいい

空いたコースへダイレクトシュート	逆を突いてかわしてシュート
	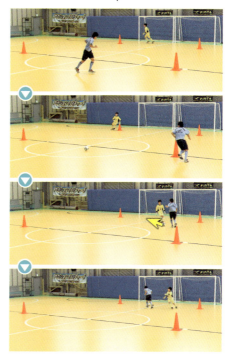

Arrange

①コーンの回り方を変える

バリエーションをつけるため、コーンの回り方もサイドステップ、バックステップ、クロスステップなど、いろいろ変えることでアジリティーの練習にもなる

②コーンの幅を調整

GKがあまりに不利になってしまうなら、コーンの幅を短くするなど能力に応じて幅を狭くしても良い

Level UP!

連続シュートで心拍数を上げる

基本的には正確な技術を身につけることが目的なので、1回で完結する練習だが、高校生以上であれば、負荷をかけた状態でも正確にシュートできることをねらいに、連続して行うのもいいだろう。実際に試合のなかでも、ゴール前まで長いドリブルで上がってきて、GKを抜いてシュートしなければならないシチュエーションも出てくるだろう。心拍数が上がった状態でも、GKが動いた状況を見て、正確に打てるようになることが最終的な目標だ

GKとの勝負を制する

GKの前後の動きに応じたプレーを選択する

Menu **035** 2つのゴールでシュート

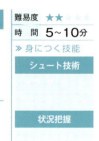

難易度 ★★
時間 5〜10分

≫ 身につく技能
シュート技術

状況把握

やり方

1. 図のように、オフェンス、GK、コーンを配置する。コーンの間は、ゴールと見立てる
2. オフェンスはGKにパスをする。GKはオフェンスにリターンパスをする
3. GKはどちらかのゴールを守るように移動する。後ろのゴールを守るなら、オフェンスはドリブルで前のゴールへの突破を試みる。GKが前のゴールを守るなら、オフェンスはシュートを打つ

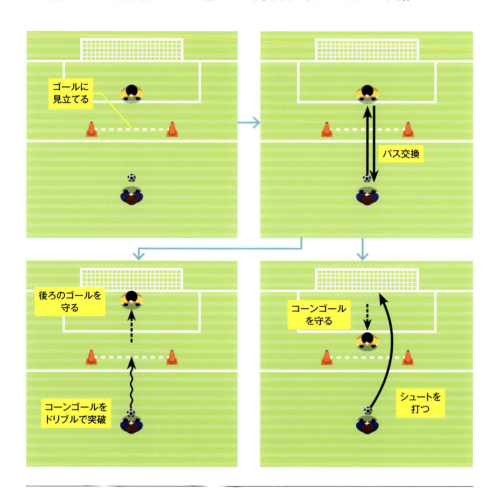

⚠️ ポイント
GKの前後の動きを見てシュートする

このメニューでは、GKが先に動くので、それを見て状況に応じたプレーを判断する練習だ。前のゴールが空いていたら、ドリブルしてコーンを通過すれば得点。後ろのゴールが空いていたら、GKの頭上や横を抜いてシュートすれば得点となる。これまでは横の動きに対応するトレーニングであったが、このメニューでは前後の動きに応じてプレーを選択する。GKの頭上を抜くシュートは、インステップでボールの下を蹴ってボールを浮かせるシュート（ループシュート）となり、キックの高い技術が求められる

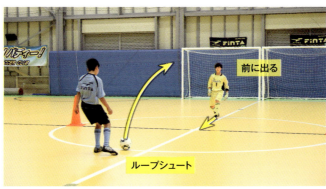

Level UP!
GKと駆け引きしてゴールの攻防戦を挑む

慣れてきたら、GKは先に動かない設定でやってみる。そうすることでGKとの駆け引きが生まれる状況をつくる。GKが前のゴールを守れば、横か頭上を抜いてシュートを打ち、後ろのゴールを守る意識が強ければ、前のゴールをドリブルで通過する。GKはオフェンスの動きをギリギリまで見て先に動かないようにすることで、より実戦に近づいた練習になるのだ

GKとの勝負を制する

パス交換でGKを動かして逆を突くシュートをねらう

Menu **036** パス交換からGKと2対1のシュート

難易度 ★
時間 10分

» 身につく技能
シュート技術
コンビネーション
状況把握

やり方

1. 図のように、オフェンス2人、GK、コーンを配置する
2. オフェンス2人はパス交換をしながら、GKの状況をみてダイレクト、あるいは2タッチでシュートを打つ

このメニューの動き方

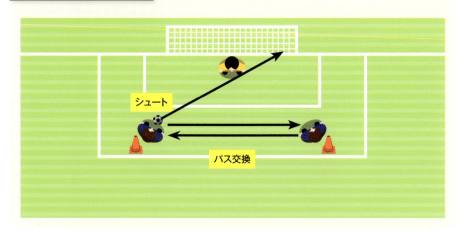

なぜ必要?

» パスでGKを動かすことを実感する

ここまでのメニューでは、オフェンスのポジションに合わせてGKが動くことを体験し、その動きに対応してシュートを打つトレーニングを行ってきた。ここでは、複数人のパスによってGKが動くことを体験する。ディフェンスやGK、ボールに加え、味方の位置など情報が増えるが、より実戦に近づいたトレーニングとなる

ワンポイントアドバイス

» パススピードを意識しよう。弱すぎるパスでは
GKの動きもゆっくりとなり有利な状況はつくりにくい

» シュートもパスもできる場所に常に
ボールを置くことを意識しよう

» GKの横を抜くシュートだけでなく、
頭上を抜くシュートにもイメージをもってチャレンジしよう

» パスで逆を突くか、ボールコントロールで
逆を突くかの判断をしっかりとしよう

» 慣れてきたらGKとの距離を変えてやってみよう

Arrange
トライアングルで縦のパスも入れてGKを動かす

ペナルティーエリアの外で、3人（トライアングル）のパス交換を行いながらシュートをねらうパターンもやってみよう。3人のパス交換では、横だけでなく、ゴールから離れる後ろのパス、ゴールに近づく前へのパスも加わる、GKを前後に動かすこともできる。したがって、GKの頭上を越すループシュートをねらえるシーンも生まれるので、積極的にチャレンジしよう

▲ボールを後ろに下げるとGKは前に出てくる。ループシュートのチャンスだ

Extra
GKも交代で経験しよう

ボールとGKの距離に応じて、GKの手の位置が変わることに注意しよう。GKは一般的に、ボールが近くにある状況では腰より下に手を構える（腰を落として構える）。逆に、ボールが遠くにある状況だと、立った状態になるので、腰より下のボールは反応しづらくなる。そういうときは、低く強いシュートもねらってみよう

ディフェンスとの勝負を制する

ディフェンスとGKの両方を見てシュートする

ねらい

Menu **037** ディフェンスとの駆け引きからシュート

難易度 ★★
時　間 5～10分
》身につく技能
シュート技術
状況把握
フィジカル

やり方

1. 図のように、オフェンス、ディフェンス、GK、コーン、ボールを配置する
2. オフェンスは左右どちらかのボールにアプローチして、ダイレクト、あるいは2タッチからシュートを打つ

このメニューの動き方

シュート

どちらのボールを蹴ってもいい

❓ なぜ必要？

》ディフェンスとの駆け引きを覚える

Menu036までは、主にGKとの駆け引きのなかでゴールを奪う目的のトレーニングを紹介してきた。ここからは、ディフェンスとの駆け引きが中心となる。守備網をかいくぐってゴールに結びつける動きを学んでいこう

❌ ここに注意！

》ディフェンスだけを見ないように

ディフェンスとの駆け引きを覚えていくが、そのなかでは当然、GKの動きも一緒に見る必要がある。ディフェンスだけをかわせば良いということではないので注意。視野を広く持って、正確に状況判断をできる力をつけよう

ポイント

① ディフェンスとGKの両方を一緒に動かす意識を持とう
② GKのポジションも視野に入れて、ダイレクトか、2タッチか、シュートのイメージをつくる
③ ディフェンスをブラインドにしたシュート、ディフェンスが足を上げた後の股の下を抜くシュートなどをチャレンジしてやってみよう

ワンポイントアドバイス

≫ GKとの1対1で緊張しないポイントは

これまでも説明したように、この練習に限らずシュート練習は「ディフェンスを抜く」というよりも「ディフェンスをかわす」意識で取り組んでもらいたい。GKから見えにくい状況からシュートするほうが、得点の可能性が高くなるからだ。だが、ディフェンスを抜き去った後、GKと1対1になるという状況も試合のなかでは多い。そういうとき、いかに緊張しないでシュートするか。1対1に強い選手は、自分の頭のなかで「ゴールするまでのイメージができている」という。自分がシュートして、ゴールするまでの映像が頭に流れているということだ。そのイメージがないと、いざというとき、あわててしまうのだろう。繰り返しにはなるが、常に相手の状況を見て、自分のプレーをイメージする習慣をつけておこう

▲目の前のディフェンスと対峙しつつ、GKの状況を確認してイメージをつくることが大切

ディフェンスとの勝負を制する

ディフェンスから奪われないコースにドリブルする

ねらい

Menu **038** 後ろからプレッシャーを受けてシュート

難易度 ★★
時間 10分
≫ 身につく技能
シュート技術
状況把握

やり方

1. 図のようにオフェンス、ディフェンス、GK、コーンを配置する
2. オフェンスがディフェンスにパスを出して、すぐにリターンパスを受ける
3. オフェンスはドリブルでゴールに向かってシュートを打つ
4. ディフェンスは、コーンを回ってからオフェンスを追いかける

このメニューの動き方

❓ なぜ必要？

≫ 前後からのプレッシャーに耐えてシュート

これ以降の練習は、ディフェンスも本気でボールを奪いにいく。ゴールに向かってドリブルするなかで、後ろから追いかけてくるディフェンスの"見えないプレッシャー"に耐えて、なおかつ、GKに取られないよう、シュートまでもっていくことがねらいだ。ドリブルのコース取りも大事だし、GKを意識したタッチも重要になる。コース取りが悪いと、ディフェンスにもGKにも詰められてしまう

ポイント①
ドリブルの
コース取りを考える

後ろからディフェンスが追いかけてくるので、ボールを隠すようなコース取りでドリブルすると、ディフェンスからのプレッシャーを少なくすることができる

ポイント②
いつでも
シュートできるように

細かいタッチで、かつ素早くボールを運ぶように。いつでもシュートを打てるドリブルが理想だ。GKが動いたタイミングを見逃さないようにしよう

ワンポイントアドバイス

≫ ゴールまで"速く"も大事だが、何よりも"正確に"

ゴールまで速くドリブルしてシュートしようとすれば、どうしてもドリブルは大きくなってしまう。自分の1メートル、2メートル先にボールを置いてしまうと、すぐにシュートは打てない。やはり、常にボールを触って、状況を見てシュートも打て、パスも出せるというドリブルが必要になる。トラップしたときのボールの位置も重要だ。体の真ん中(ヘソの下)にボールがあると、右には打てないし、シュートも左にそれやすくなる。自分の利き足の前に常にボールを置くように。速さを意識しながらも、まずは正確に行うことが大切だ

Level UP!
3方向からやってみよう

右サイド、左サイドから、そして中央からの3方向からも行うと良い。ディフェンスにとっては、真ん中のほうがより対応が難しいので、攻防が面白くなる。守備の基本としてディフェンスはまず内側を切るが、真ん中から始めると、どちらが内側という考えはない。ディフェンスがコーンを回る方向の逆を取ってボールを運べば、対応も遅らせることができる

ディフェンスとの勝負を制する

ディフェンスの動きを見て
ゴールまでのイメージを持つ

Menu **039** ディフェンスの動きを見て
ドリブルシュート

難易度 ★★
時間 10分
≫ 身につく技能
シュート技術
状況把握
フィジカル

やり方

1. 図のように、オフェンス、ディフェンス、GK、コーンを配置する
2. オフェンスがディフェンスにパスを出して、すぐにリターンパスを受ける
3. ディフェンスはどちらかのコーンの外を走って回る
4. オフェンスは、ディフェンスが回ったのと反対のコーンをドリブルで外から回ってシュートまで持ち込む

このメニューの動き方

なぜ必要？

≫ **ディフェンスの動きをみてドリブルルートを判断する**

このメニューでは、先にディフェンスが回るほうのコーンを選択して、オフェンスはその動きを確認してから自分が進むほうのルートを決定する。相手の動きを確認してからの判断力も磨くことができるトレーニングだ。また、後ろからディフェンスが追ってくるので、Menu038と同じく、"見えないプレッシャー"に対応するためのトレーニングともなる

Arrange
GKもコーンを回ろう

ＧＫの両脇にコーンを配置して、ＧＫもコーンを回るというパターンもやってみよう。Menu034で行った動きのように、ディフェンスだけではなくＧＫにも動きが加わるので、ＧＫの逆を取ることも意識しながらのトレーニングとなる。ＧＫをかわすという選択肢も頭に入れてゴール前へドリブルして、シュートまで持っていこう

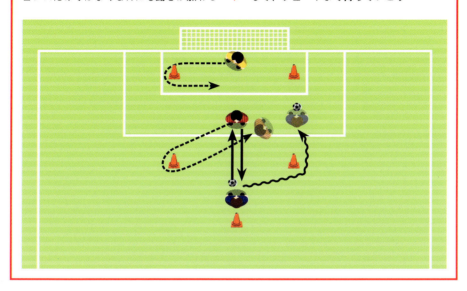

ワンポイントアドバイス

≫ ドリブルでGKを動かす

オフェンスと１対１となった場合、当然GKは闇雲に飛び出してくるわけではない。ドリブルの動きを見ながら、足元に飛び込んでボールを奪い取る、距離を詰めてシュートコースを消す、距離を保って時間をかけさせるなどの選択肢を持ってプレーする。選手のタイプにもよるが、自分が主導権を握ってオフェンスの動きを誘導してシュートストップにかかるGKもいるだろう。そこで駆け引きが生まれるのだ。基本的には、ボールを持っているオフェンスが主導権を握ってGKを動かしたい。シュートコースが空いていればそこに打つのが一番だが、半歩

ボールを動かすだけでもGKは細かくポジションを修正するので、その動いた逆を取ることをねらう。その際、タッチが大きいと、その間にGKは距離を詰めやすいしシュートへのタイミングを合わせやすい。Menu008を思い出して、細かいタッチの流れでシュートを打とう

ディフェンスとの勝負を制する

球際の強さを磨いて
シュートに持ち込む

難易度 ★★★
時間 10〜15分

≫ 身につく技能
シュート技術
状況把握
フィジカル

Menu **040** 先にボールに触れてシュート

やり方

1. 図のようにオフェンス2人、ボールの出し手、GK、コーンを配置する
2. ボールの出し手が、オフェンス2人の中間にボールを転がす
3. オフェンス2人はボールを追いかける。先にボールに触ったほうはシュートに持ち込む。もう1人はディフェンスとなってシュートを防ぐ

このメニューの動き方

先に触ったほうがオフェンス

! ポイント

激しいコンタクトのなかでシュート技術を上げる

オフェンスの2人は対等な状態からスタートして2人の間に転がるボールを追うので、全力で激しいコンタクトが生まれることになる。どちらかがシュートして、ゴールを決めるまでプレーを続けよう。左右の得意、不得意などもあるので、スタート位置は交代しながら行うように

- ファーストタッチはまず相手に奪われないタッチをする
- 奪われないことと平行して、シュートを打てる状況をつくることを意識する
- ディフェンスやボールに意識を向けながらもGKも視野に入れる
- 激しいコンタクトのなかでシュート技術を高めることを意識する

» 左右両足でシュートを打つ練習もしよう

可能な限り利き足の前にボールをコントロールして、自分の得意なシュートの形に持っていくのがゴールを奪うためには理想的だ。しかし、激しく相手がコンタクトしてくる状況であるため、なかなか思うようにボールをコントロールできることは少ない。空いているシュートコースが見えてその方向に打つのが最善の状況では、利き足の逆足でもシュートを打てるようにならなければならない

Level UP!

さまざまな体勢でスタートしてみよう

立った状態からスタートするのが基本だが、以下のように、さまざまな体勢、条件のなかから起き上がってボールを奪い合い、シュートまでもっていくトレーニングも同じようにやってみよう。スタートのやり方を変えることで、反応スピード、筋力などが刺激される

① 座った状態から
② 座った状態から手を使わないで立つ
③ うつ伏せから
④ 仰向けから
⑤ 前転してから
⑥ 横転してから

ディフェンスとの勝負を制する

コンタクトプレーから反転して素早くシュートする

Menu **041** ゴールを背にした1対1からシュート

難易度 ★★★
時間 10〜15分

» 身につく技能

シュート技術

状況把握

フィジカル

やり方

1. 図のようにオフェンス2人、ボールの出し手、GK、コーンを配置する
2. ボールの出し手が、オフェンス2人の中間にボールを転がす
3. オフェンス2人はボールを追いかける。先にボールに触ったほうはシュートに持ち込む。もう1人はディフェンスとなってシュートを防ぐ

このメニューの動き方

先に触ったほうがオフェンス

! ポイント

後ろを向くことで情報を取り入れる難易度が上がる

やり方はMenu039と同じだが、今回はゴールに対して背を向けているので、GKの情報を取り入れづらく、またシュートを打つためには反転動作が必要となり、難易度が上がっている。発展トレーニングとしてやってみよう

ワンポイントアドバイス

≫ 反転からシュートに持ち込む

一発で前を向けるボールコントロールをすることは非常に難しく、ゴールを背にして相手を背負った状態となる。ただ前を向こうとするだけではシュートには持ち込めない。先にボールを触れることができたのなら、体を使って相手をブロックしながら、素早くターンを試みよう。ゴールとの距離は近いので、完全に前を向く必要はない。半歩でも前に出て、シュートコースが空いたらGKの位置を見ながらシュートを打とう

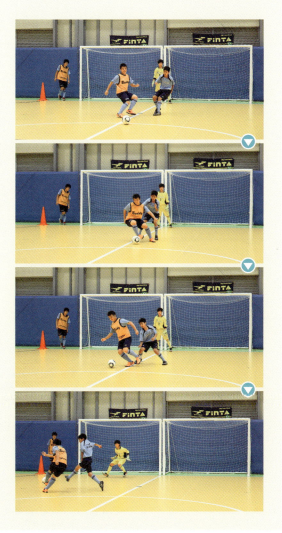

Level UP!

スタートの体勢に変化をつけよう

① 座った状態から
② 座った状態から手を使わないで立つ
③ うつ伏せから
④ 仰向けから
⑤ 前転してから
⑥ 横転してから

ディフェンスとの勝負を制する

ディフェンスが振り向く前にシュートを打つ

Menu **042** ディフェンスの逆へかわしてシュート

難易度 ★★★
時間 10〜15分

≫ 身につく技能
- シュート技術
- 状況把握
- フィジカル

やり方

1. 図のようにオフェンス、ディフェンス、GK、コーンを配置する
2. ディフェンスがゴールに向かってドリブルをする。オフェンスはその後ろをついていく
3. ディフェンスはペナルティーエリアに入ったあたりでボールを置く
4. オフェンスはボールを拾い、ディフェンスをかわしてシュートまでもっていく
5. 3方向からそれぞれ行う

このメニューの動き方

DFはドリブルの途中でボールを置く

OFはボールを拾ってシュート

❓ なぜ必要？

≫ **オフェンスは追いながらディフェンスの動きを見て逆を取る**

ディフェンスが自陣の方向へドリブルして、オフェンスにボールを渡すというのは実戦ではありえない状況だ。しかし、それによりディフェンスが動き振り向くという不利な体勢をつくり、その動きを見てオフェンスがかわすという状況をつくっている。ここでも、ディフェンスの逆を突く意識が重要だ

⚠ ポイント
ディフェンスの準備が整う前にシュートへ

オフェンスは、ディフェンスが振り向いて守備の対応をされる前にシュートまでもっていこう。ディフェンスは必ず右回りか左回りのどちらかで振り向くので、その動きを見て逆側からかわそう

❌ ここに注意！

≫ 3方向で状況も変わってくる

この練習は、右・左・中央からの3方向から行うことに意味がある。ゴールの方向が変わることで、ディフェンスの立つ位置が変わり、ボールの置く場所や、触る足も変わってくる。ゴール前では、ディフェンスにボールを奪われない意識が必要だ

👆 ワンポイントアドバイス

≫ ゴール前で必要なのは正確な技術

サッカーでは、両方の足を同じように使えることが必要と言われるが、最後のシュートはなるべく得意とする利き足でフィニッシュしたい。そのために、自分の得意な場所にボールをコントロールするのだ。利き足のほうが、ゴールできる可能性は、はるかに広がる

ディフェンスとの勝負を制する
発想の柔軟性を養って視野を広げる

Menu 043 2つのゴールでの駆け引き

難易度 ★★
時間 10〜15分

≫ 身につく技能
- シュート技術
- オフ・ザ・ボール
- コンビネーション
- 状況把握

やり方
1. 図のように、オフェンス、ディフェンス、GKを配置する
2. ペナルティーエリアの広さで、両サイドにゴールを配置する
3. オフェンスがボールを持ってスタートする。ディフェンスとパス交換をした後、どちらかのゴールに向かってドリブルしてシュートまでもっていく

このメニューの動き方

どちらのゴールを目指してもいい

なぜ必要？

≫ ゴールが2つになることで発想や視野が広がる

オフェンスが右のゴールに移動したら、ディフェンスも右に移動するが、オフェンスはディフェンスの動きを見て逆のゴールを目指してもいい。この練習で大事なポイントは、ディフェンスとの1対1の駆け引き。ゲームではありえないような"ゴールが2つ"という状況で、このような練習を行うことで、柔軟性は養われ、視野も広がる

≫ ディフェンスの状況を見て判断する

ボールを受ける前から向かうゴールを決めていては、駆け引きを身につけるトレーニングにはならない。ディフェンスやGKの動きを確認して、ゴールを奪いやすい状況にあるゴールを選択する判断をするようにしよう。どちらかに向かうフェイントを入れて、反対へ向かうのもありだろう。GKが前に出ているなら、ループシュートなどいろいろなシュートにチャレンジしてみよう

≫ 目先を変えたルール設定で頭の柔軟性を養う

普段のゲームのなかで、狭いスペースでのサッカーをしていると、時にはこのような現実にはありえないシチュエーションが、選手の発想を広げ、柔軟性につながったりする。オフェンスが有利なトレーニングであるため、特に小学校低学年にとってはゴールしやすくもなるので、どんどん取り入れてみよう

ディフェンスとの勝負を制する
速いプレッシャーのなかから シュート技術を身につける

Menu **044** 前後から挟まれた状態からシュート

難易度 ★★★★
時間 10〜15分
» 身につく技能
シュート技術
状況把握
フィジカル

やり方

1. 図のように、オフェンス、ディフェンス2人、GK、コーンを配置する
2. オフェンスはディフェンスとパス交換した後、ゴールに向かってドリブルする
3. パス交換したディフェンスは、コーンを回ってからオフェンスを追いかける。もう1人のディフェンスはオフェンスのドリブルを止めにいく
4. 3方向からそれぞれ行う

このメニューの動き方

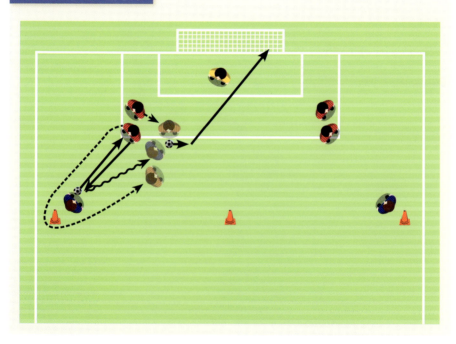

❓ なぜ必要?

≫ より実戦的なプレッシャーを体感

実際のゲームでは、ディフェンスは当然、前にいるだけではなく後ろからもボールを奪おうとしてくる。ディフェンスが背中から追いかけてくるという1対2の状況をつくることで、より速いプレッシャーを体感するねらいがこのトレーニングにある。高い技術が求められるが、ボールの置く位置に注意し、腕で相手をブロックしてシュートまでもっていこう

❌ ここに注意!

≫ 時間をかけないでゴールを目指す

後ろからのディフェンスを気にしつつも、そのプレッシャーを受ける前にゴールに近づくに越したことはない。時間をかけずに、前のディフェンスをかわしてシュートまでもっていこう

≫ 後ろからくるディフェンスをブロックする

ドリブルのコース取りをうまく行えば、後ろから追ってくるディフェンスのプレッシャーを軽減することができる。なお、後ろから追ってくるディフェンスの対処法はMenu038を再確認しよう

👆 ワンポイントアドバイス

≫ ディフェンスだけでなくGKを見る意識も高めよう

ディフェンスが2人になり、さらに前後からくるという状況なのでどうしてもディフェンスを見る意識のほうが強くなり、GKを観察する意識が低くなりがちだ。ディフェンスと比較して、GKがそんなに動くことがないことも理由の一つに挙げられる。あるいは、ゴールを2つにして、GKはどちらのゴールを守ってもいいという状況からオフェンスは空いているゴールにシュートするという練習にしてもいいだろう。2ゴールにすることで、GKも状況に応じて動くことになるのでGKを見る意識を強くなるだろう

ディフェンスとの勝負を制する
見える景色を変えて3つのエリアで1対1

Menu **045** 狭いエリアでの1対1からシュート

難易度 ★★★
時間 10〜15分
» 身につく技能
シュート技術
状況把握

やり方
1. 図のように、オフェンス、ディフェンス、GKを配置する
2. ピッチを縦に3分割する
3. オフェンスはディフェンスとのパス交換をした後、1対1の勝負を仕掛けてゴールを目指す
4. 3方向からそれぞれ行う

このメニューの動き方

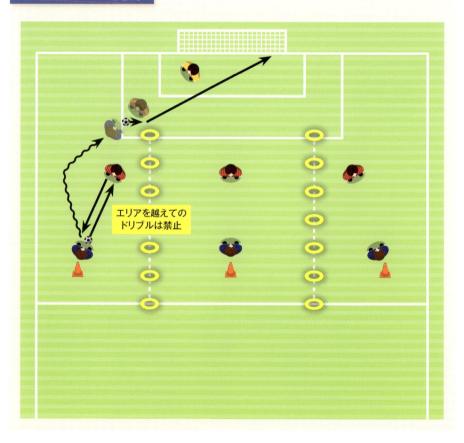

エリアを越えてのドリブルは禁止

ポイント① ゴール前の狭いエリアを制する

ゴール前を3分割して、センター、右サイド、左サイドでシンプルに1対1を行う。エリアが狭いため、完全に抜き去るのは難しいし、これまでのポイントでも何度か解説している通り、ゴールを奪うためには抜き去る必要はない。一瞬のかわしでシュートコースをつくり、隙を逃さずにシュートを打とう

ポイント② 3つのエリアを順番に行おう

エリアが変わると、ボールの持ち方、使う足も変わってくる。試合でのポジションがある程度固定されている場合であっても、トレーニングではさまざまなエリアで行い、プレーの幅を広げよう

ここに注意！

>> **サイドでかわした後の体はゴールと平行に**

両サイドのエリアでは、相手をかわした跡に、完全にゴールの方向に体を向けるとボールが体の真ん中に入りシュートが難しくなる。ゴールと平行に体を向けてシュートを打つことを意識すると、角度のないところからでもゴールするチャンスは増える

体はゴールラインと平行

Arrange スタートのバリエーションをつける

ディフェンスとの距離は、選手のレベルや状況によっていろいろ変えてやってみよう。ディフェンスからのスタートのリターンパスも、強弱をつけたり、ゴロだけでなく浮き球にしたりするのも良いだろう。そうすることで、ディフェンスの駆け引きがより実戦に近づく

Extra 選手の体の向きを見てあげる

なかなかシュートが入らないとき、「もっと右をねらえ」「枠を外すな」というような声を指導者が掛けても、余計に力んでしまうことがある。どこに原因があるのか、そこを指摘してあげるだけで選手の気持ちも変わる。指導者は、結果だけでなく、選手の体の向きを見ることが非常に大事だ。あるいはボールを置く位置など、結果から巻き戻して、原因を探ることで問題を解決してあげよう

ディフェンスとの勝負を制する

成功体験を増やして、観察力・判断力・発想力を養う

難易度 ★★
時間 10〜15分

≫ 身につく技能
- シュート技術
- コンビネーション
- 状況把握

Menu **046** 四方からセンタリングシュート

やり方

1. 図のように、オフェンス、ディフェンス、GK2人、四方にフリーマン4人を配置する
2. ペナルティーエリアの広さで、2つのゴールを配置する
3. オフェンスはディフェンスのマークを外して、四方のどこかにセンタリングを要求する
4. オフェンスはセンタリングに合わせてシュートをする
5. シュートが決まれば、そのまま続けて行う。外れた場合、オフェンスは外に出て、センタリングを上げたフリーマンと交代する。ディフェンスはオフェンスになり、フリーマンはディフェンスになり、ローテーションで繰り返す

このメニューの動き方

図ではニアに飛び込んでシュートを打っているが、ディフェンスがついてきているようなら逆のゴールをねらうのも良い

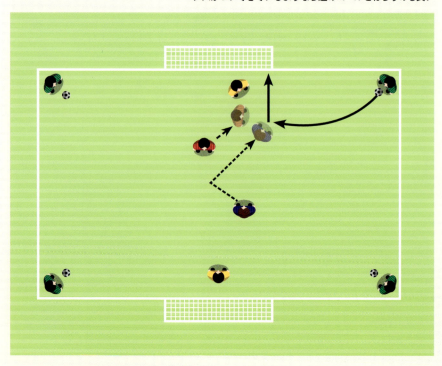

成功体験を増やしてイメージを膨らませる

このメニューでは、中の受け手がディフェンスと1対1を繰り広げながら、出し手とコミュニケーションを取ってセンタリングを受けてシュートまでもっていく練習だ。2つのゴールのどちらに得点しても良くゴールを奪いやすい。

実際のゲームではありえない状況だが、ゴールを決めるという成功体験が増えることで選手に自信がつき、発想が生まれやすくするねらいがある

ポイント①
ディフェンスのマークを外す

センタリングの起点が4カ所、ゴールも2カ所にすることで、オフェンスはディフェンスのマークを外しやすい。前後左右の動きの揺さぶりで、フリーな状況をつくり出そう

ポイント②
コミュニケーションをしっかり

フリーマンとのコミュニケーションが大事。アイコンタクト、声や体を使ってアピールして、いいボールを呼び込もう

ローテーションを工夫しよう

ローテーションのパターンの1つを「やり方」として示したが、これに限る必要はない。ゴールを決めた選手は逆に交代させるなど、他のパターンで行っても良い。なるべく代わる代わる各ポジションを務めることができるように、ローテーションのパターンはいろいろやってみよう

Arrange
センタリングの上げる状況を変えてみる

四方のボール回しからはじめてもおもしろい。4ヵ所のフリーマンは、センタリングを上げるだけでなく、パスを回すことで自分たちの練習にもなる。また、ボールを2個にするのもいい。1個だと、ディフェンスもマークにつきやすくなる。どちらのボールに合わせるか、タイミングが非常に重要なので、最初はハンドパスでやったほうがわかりやすいかもしれない。アレンジはそれぞれのチームの考え次第で自由に変えてみよう

109

COLUMN 学校の授業も サッカーの練習の一環

子どもにやる気を出させるには、どうしたらいいのか。すべての指導者にとって悩みの種だろうが、導くことと同様に"待つこと"が大事だと考える。

たとえば、遠征先でカバンがキレイに並んでいないとき。ストレートに「キレイに並べなさい」と導くのではなく、「隣のチーム見てごらん」とか「カラスが飛んできて弁当を取られるよ」と言い方を変えてみる。子どもたち自ら、どうすべきなのかを考えて、行動に移せるようになるのを待ってみるのだ。

同じ言葉でも、それを聞く子どもによって、10人いれば10通りの捉え方があるもの。だから、できるだけ同じ言葉を使わないで、1人ひとりの表情、行動の変化を見守ることが大切だ。子どものやる気を引き出すには、性格を考えて伝え方もいろいろ変えたほうがいい。直接目を見て話したほうがいい子、目を合わさず、別の景色を見ながらしゃべっ

たほうがいい子、メールで伝えたほうがいい子、いろいろいるはずだ。元気がなければ、聞いてあげることも大事だろう。学校や家庭でのトラブルは、だいたい雰囲気でわかるもの。そうした気持ちのモヤモヤを全部整理してから、グラウンドに入ってもらいたいので、指導者もいろいろと気を配りたい。

ゴール前ではたくさんの情報を入れてからプレーしてほしい。ボールをもらってからゴール前の状況を把握するのでは遅い。学校生活のなかでは授業中に先生の質問に対して、考えてから手を挙げるのではなく、手を挙げて当てられるまでの短い時間で考える習慣をつける。「それは、サッカーの判断のスピードを上げる練習にもなるんだぞ」と言うと、学校の授業もサッカーの練習につながり、意欲も上がる。やみくもに「勉強しろ」「先生の話を集中して聞け」と話すより百倍効果があるかもしれない。

第4章
対人連携トレーニング

強固なディフェンスラインを相手にした場合でも、
主導権を握って連携した動き出しを発揮すれば、
ゴールの可能性はグッと高まる。
ディフェンスがいる状況でのコンビネーショントレーニングで、
崩しの形を磨いていこう。

対人連携
トレーニング
のねらい

? なぜ必要?

» より実戦に近い状況のなかで
　コンビネーションを磨く
» サッカーに決められたパターンは無い。
　そのなかで状況を素早く把握し、
　自分と味方のイメージを共有してゴールを
　目指す判断力を身につける

✕ ここに注意!

» どの状況にあっても、第一の選択肢は
　ゴールに直結するプレーであることを
　念頭に置いてプレーすること
» 味方同士のアイコンタクトなどを含めた
　コミュニケーションを欠かさないこと

連携を高めてディフェンスラインを突破する

　第4章は、これまでのドリルで練習してきたことをおさらいしながら、より実戦感覚に近づいたシチュエーションから、シュートを決めるための練習メニューを紹介していく。

　第2章では基本的にディフェンスは配置しないなかで、複数人が関わる崩しのトレーニングを行った。この章においては、いくつか同じような動きを取り入れつつディフェンスやGKを配置して行う。ディフェンスも本気でボールを奪いにくる状況となるため、実戦的なトレーニングとなるのだ。コンビネーションも2人から3人と、メニューによっては人数が増えていく。そうなると、人数が増えることで必然的に攻守のバランスを考えなくてはならない。メニューのなかには、2人で攻撃したら、残る1人が守備のために自陣を守る、という練習も含んでいる。サッカーは、攻守の切りかえ

が激しいスポーツだ。攻撃しながらも、常に奪われたときのリスク管理も怠ってはならない。シュート練習であっても、そうした意識を練習から高めていってもらいたいと思う。

　ただし気をつけてもらいたいのは、バランスを取ったり、コンビネーションを駆使して崩したりすることに集中するあまり、本来の目的であるゴールを奪うことを忘れないようにすることだ。練習のなかで、選手の判断にシュートの選択肢が入っていない、と指導者が感じたら「そこでシュートの選択肢はあった？」などと問いかける必要がある。人数が増えてくると、どうしても周りを使いたくなるものであり、シュートが第一選択肢から外れてしまうことがありがちだ。最後は必ず、シュートで終わる。一番大事にしなければならないことを忘れないように意識して取り組んでほしい。

対人連携トレーニング

GKの動きを読む力を養い視野を広げる

Menu **047** トライアングルパス&シュート

難易度 ★★★★★
時間 10〜15分

» 身につく技能
- シュート技術
- オフ・ザ・ボール
- コンビネーション
- 状況把握
- フィジカル

やり方

1. 図のように、オフェンス3人、GK、コーンを配置する
2. 内側のコーン3つにバーをかけて、ミニゴールとする
3. オフェンス3人はパスを回して、ゴールへのシュートをねらう。2タッチ以内でシュートを打つ

このメニューの動き方

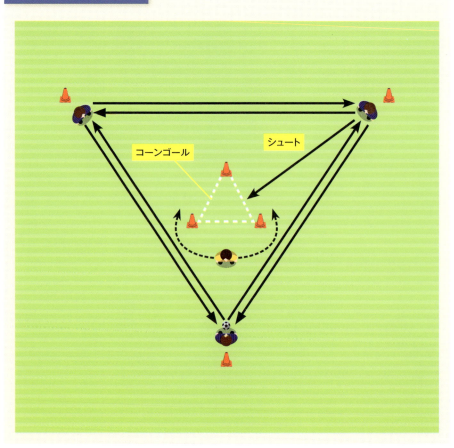

なぜ必要？

≫ 遊び感覚のなかで逆を突く意識を培う

実際のゴールを使わずにコーンとバー、選手がいれば簡単にできるトレーニングだ。ディフェンスもおらず、本物のゴールではないため、比較的リラックスしたなかで行うことができる。

そのような遊び感覚のなかで、GKを動かして逆を突くというゴール前では非常に重要な意識を培うことができる

ここに注意！

≫ GKはコーンの間は通ってはいけない

三角形に配置されたコーンの周囲を動きながら、GKはゴールを守ること。コーンの間を通ってしまうと、GKの動きの逆を突くという感覚をオフェンスが身につけることはできない

≫ GKは交代で務める

GKは専門の選手ではなく、フィールドプレーヤーでかまわない。ゴールは小さくてエリアも狭いが、パスに対応して常に動く必要があるため、運動量はかなり多い。GKを固定しすぎるとフィジカル要素の強いトレーニングとなり本来の目的をはたすことができないので、シュートミスをした選手はGKと交代するなど、代わる代わる積極的に経験しよう

Extra

コーンのゴールによりシュートを低く抑える

コーンにバーをかけたゴールであるため、必然的にシュートは腰より低い高さにしか打てない。GKの逆を突いてインサイドで

正確に転がしたシュート、あるいはインステップで低く抑えたシュートを意識しよう

対人連携トレーニング

視野を広げてゴール前の選択肢を増やす

Menu **048** スクエアパス&シュート

難易度 ★★★★★
時間 5〜10分

» 身につく技能
シュート技術
オフ・ザ・ボール
コンビネーション
状況把握
フィジカル

やり方

1. 図のように、オフェンス4人、GK2人、コーンを配置する
2. 内側のコーン4つにバーをかけて、ミニゴールとする
3. オフェンス4人はパスを回して、ゴールへのシュートをねらう。2タッチ以内でシュート打つ

このメニューの動き方

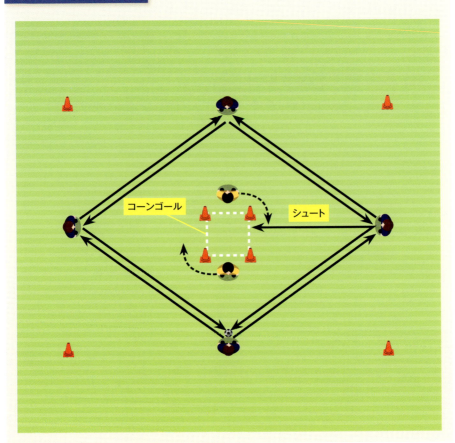

コーンゴール　シュート

ポイント① 三角を四角に広げて可能性を広げる

基本的なやり方は Menu047 と同じだが、人数を増やすことでパスの形を三角形から四角形に変更し、GKも追加している。選択肢が増えることでプレーの幅が広がりいろいろな発想も生まれてくるが、同時に確認すべき情報が増えてやるべきことが多くなる

ポイント② 対角線の味方への浮き球パスもOK

オフェンスの4人は四角にパスを回すが、対角線の選手には浮き球の（GKの頭上を越える）パスもあり、とする。ボールを受けた選手は常に「GKと味方の3人」を同一視野に入れなければならず、3人でのトライアングルパスのときよりも視野を広く保つ意識が大切になってくる

ワンポイントアドバイス

≫ GK同士もしっかりと声を掛け合う

基本的にはオフェンスのための練習ではあるが、GKを務める選手にとっては守備のトレーニングとなる。ボールの動きを予測しながら最適なポジションを判断する必要もあるし、またもう1人のGKとしっかりとコミュニケーションを取り合って、ポジションが被らないようにする必要もある。いろいろな選手同士の組み合わせで行うように、時間で区切ったり、ミスしたら交代したりなどのルールを設けよう

Level UP!

2つのボールで判断・観察力を上げる

ボールを2つに増やして行っても良い。シュートを決めるのが簡単になりそうだが、判断が難しくなり、周りを見る意識も高めなければならない。また、パスを出す選手が重ならないように注意する必要もあるので、より広い視野が求められる

対人連携トレーニング

スイッチの動きを活かして2対1の数的優位からゴールを奪う

Menu **049** スイッチを意識した2対1

難易度 ★★★☆☆
時間 10分

» 身につく技能
- シュート技術
- オフ・ザ・ボール
- コンビネーション
- 状況把握
- フィジカル

やり方

1. 図のように、オフェンス2人、ディフェンス、GK、コーンを配置する
2. オフェンス(Ⓐ)がもう1人のオフェンス(Ⓑ)に向かってドリブルする
3. 2人が交差するタイミングで、ボールを受け渡す(スイッチプレー)か、受け渡さずにそのまま運ぶ
4. ボールを持っているほうがシュートを打つ。持っていないほうが、こぼれ球をねらって詰める

このメニューの動き方

ワンポイントアドバイス

≫ スイッチが目的ではなくあくまでゴールを奪う練習

第2章のドリル（Menu022）で行ったのと同じ練習に見えるが、肝心なことはスイッチプレーを使うことではなく、「いつでもシュートしていい」ということ。つまり、スイッチを使う前にチャンスがあれば、どこでシュートしても構わないということ。「2対1の状況で、いかにゴールを奪うか」ということが一番大事だからだ。スイッチの動きはあくまで、ゴール前での選択肢の一つにすぎない

スイッチの動き

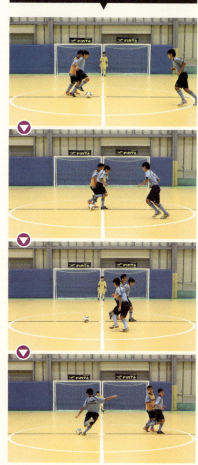

スイッチしない

ドリルで動きのポイントをおさらいしよう 参照ページ P056 Menu022 スイッチプレーからシュート

対人連携トレーニング

オーバーラップの動きを活かして2対1の数的優位からゴールを奪う

難易度 ★★★★★
時間 10分

» 身につく技能
シュート技術
オフ・ザ・ボール
コンビネーション
状況把握
フィジカル

Menu **050** オーバーラップを意識した2対1

やり方

1. 図のように、オフェンス2人、ディフェンス、GK、コーンを配置する
2. ボールを持ったオフェンス（Ⓐ）はディフェンスにパスを出す
3. Ⓐはパスを出したら、もう1人のオフェンス（Ⓑ）を追い越すように外側を走る
4. ディフェンスはⒷにパスを出す
5. Ⓑは外側を回ったⒶにパスを出す、または自分で中へ切り込んでシュートを打つ
6. Ⓐはシュートを打つ、またはセンタリングを上げる

このメニューの動き方

ポイント　オーバーラップもシュートまでの選択肢の１つ

Menu049に続き、このメニューも第２章のドリルで練習したことの応用トレーニングだ。味方がオーバーラップできる状況の２対１から、ディフェンスが奪いにくるなかでGKとディフェンスと味方をよく観察して、ベストの選択をしてシュートまでいこう

ここに注意！

≫ ディフェンスは本気で奪いにいく

ドリルトレーニングで学んだ動きを、実際のゲームに近い環境のなかで発揮できるかを試すトレーニングだ。ディフェンスを担当する選手は、積極的にボールを奪いにいこう。本気度によってトレーニングの濃さが変わってくるのだ

≫ オフサイドに注意しよう

このメニューでは、ディフェンスのいる位置をオフサイドラインと想定してプレーしよう。早く飛び出しすぎてオフサイドにならないように

ワンポイントアドバイス

≫ ディフェンスのアプローチが甘ければシュート

数的優位の状況であるため、ディフェンスは両方に対応しようと距離を取ってくることも考えられる。アプローチが甘いようであれば、ボールを持った選手は主導権を握ってドリブルから積極的にシュートをねらっていこう。そのためには、ボールの持ち方に注意。いつでもシュート、パス、ドリブルが選択できる位置にボールを置くこと。次のプレーを相手に予測させないことも大切だ

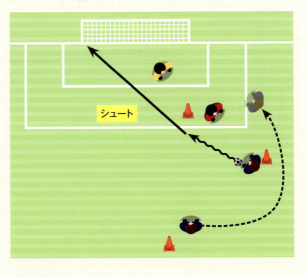

ドリルで動きのポイントをおさらいしよう　参照ページ　P058 Menu023　オーバーラップからシュート

対人連携トレーニング

ワンツーから
シュートにいく意識を高める

ねらい

Menu 051 フリーマンとの
ワンツーからシュート

難易度 ★★★☆☆
時間 10分

» 身につく技能
- シュート技術
- オフ・ザ・ボール
- コンビネーション
- 状況把握
- フィジカル

やり方

1. 図のように、オフェンス、ディフェンス、フリーマン2人、GKを配置する
2. マーカーで、動きを制限するためのエリアをつくる
3. オフェンスは、ディフェンスとのパス交換からスタートする
5. 両サイドのフリーマンとのワンツーからのシュートをねらう

このメニューの動き方

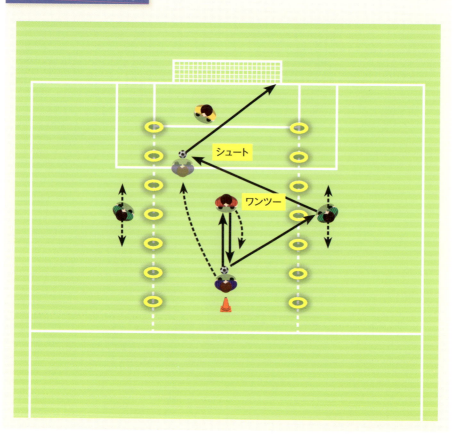

ポイント 自分がゴールを奪うためにフリーマンがいる

フリーマンは必ず使わなければならないということではない。目的はあくまで「自分がゴールを奪う」こと。その目的をはたすためにフリーマンを使うのであって、フリーマンを使うことが目的ではない。ゴールへのプロセスを逆算するイメージを持ちながら、ゴール前でシュートを打つ意識を高めるための練習だ。どの位置からでもゴールを狙う意識を持つことが大切になる。また、狭いエリアでディフェンスとの駆け引きの意識を高めるため、マーカーのラインを越えないことを約束事にする

ワンポイントアドバイス

≫ アプローチが甘ければそのままシュートを打つ

ワンツーをねらう場合は、ディフェンスを引きつけてからパスを出すことが大切だ。もしディフェンスがワンツーを警戒してアプローチが甘いようであれば、フリーマンは使わずに、ゴールが見えたら自分で積極的にシュートを打っていこう

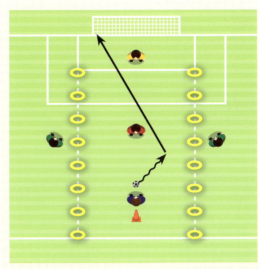

≫ ディフェンスについてこられたらもう1人のフリーマンを使う

フリーマンへパスを出したあと、ディフェンスがしっかりとマークについてくる可能性は高い。そうなった場合、フリーマンは逆サイドのフリーマンを使って良い。そこからもう一度パスを受けて、シュートをねらおう。フリーマン同士のパス交換をしても良いので、2人は常にパスコースを確保できるポジションを取っておこう

対人連携トレーニング

パス&ゴーの意識を持ってシュートする

ねらい

Menu **052** ポストプレーからシュート①

難易度 ★★★☆☆
時　間 **10分**

》身につく技能
シュート技術
オフ・ザ・ボール
コンビネーション
状況把握
フィジカル

やり方

1. 図のように、オフェンス、ディフェンス、フリーマン2人、GKを配置する
2. オフェンスは、ディフェンスとのパス交換からスタートする
3. 両サイドのフリーマンとのワンツーからのシュートをねらう

このメニューの動き方

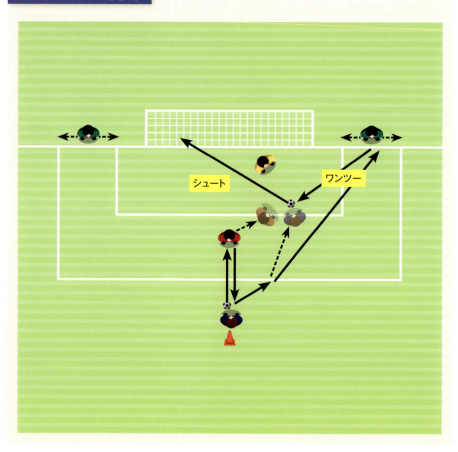

なぜ必要？

» ポストプレーをゴールに結びつける

実際のゲームでは、図の位置（ゴールポスト横）に選手が最初からいることはありえないシチュエーションだが、ディフェンスラインを突破して、深い位置に入り込んでマイナスのパスを受けることを想定したトレーニングだ。そこでパスを受けることができれば、ゴールに直結しやすい。Menu051 はサイドのフリーマンを使った"横のワンツー"だったが、これはゴールライン横にいるフリーマン（ポストプレーヤー）と"縦のワンツー"を仕掛けてゴールをねらっていこう

ここに注意！

» 常に両方のフリーマンへパスを出せるようなボールの持ち方を意識する

パスコースが制限されるようなボールの持ち方をしてしまうと、ディフェンスは対応がしやすい。どちらのフリーマンへもパスを出せる状態、あるいはドリブルで運べる状態をつくっておけば、自分が主導権を握ってパスを出すこともできるし、ディフェンスが先に動いたらその逆を突くようにパスを出すこともできる

ワンポイントアドバイス

» パス&ゴーのランニング中にGKをよく見る

パスを出した瞬間に走り出す"パス&ゴー"のプレーでは、ランニング中、あるいは走り出す前にしっかりと相手の状況を見て、次のプレーのイメージを持つことが大切だ。パスを出してからリターンを受ける位置を考えて走り出すのではなく、出す時点でシュートまでの動きを想イメージしておき、走りながらGKとディフェンスの状況を観察するように。ダイレクトにシュートできる状況ならそのまま打てばいいし、ワンタッチ入れてGKを動かして、逆を突いたシュートを打ってもいい。常に次のプレーのイメージを持つことが大事だ。こういったイメージの積み重ねが、ゴールから逆算したプレーとなる

対人連携トレーニング

ボールを出して動きながらポストプレーを使う

Menu **053** ポストプレーからシュート②

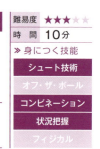

難易度	★★★★★
時間	10分

» 身につく技能
- シュート技術
- オフ・ザ・ボール
- コンビネーション
- 状況把握
- フィジカル

やり方

1. 図のように、オフェンス2人、ディフェンス、GKを配置する
2. ボールを持ったオフェンス（Ⓐ）は、コーンをドリブルで回る
3. ドリブルから前を向いたタイミングで、もう1人のオフェンス（Ⓑ）は動き出してパスを受ける
4. ワンツーをしてⒶがシュート、あるいはⒷがそのままターンをしてシュートをねらう

このメニューの動き方

ポイント 2人の関係性を大切にする

2人というのは、ゲームのなかでコンビネーションプレーを行ううえでの最少人数だ。つまり、2人でのプレーがうまくいかないようであれば、3人、4人と人数が増えてときのコンビネーションは簡単には成立しない。2人で協力してゴールをねらう意識を高めるため、アイコンタクトを含めたコミュニケーションをおこたらないように。意図が合わなかった場合は、お互いのねらいをすぐに確認しあおう

ワンポイントアドバイス

》 **ボールを受ける前に　ゴールの状況を　確認・判断**

ポストとなる選手はディフェンスのマークを受けているという状況なので、動きながら、ボールをうまく受けられるタイミングを計ろう。ボールを受けたら、ディフェンスの状況、ランニングする味方の状況を見て、パスを選んでも、自分で前を向いてシュートしてもいい。当然、自分でも状況を見て判断をするし、もう1人のオフェンスはより広く状況が見えているので、ディフェンスがポストの選手へのマークより自分がねらっているスペースに動くのが見えたら、ポスト役に「ターン！」と声で指示を送ろう

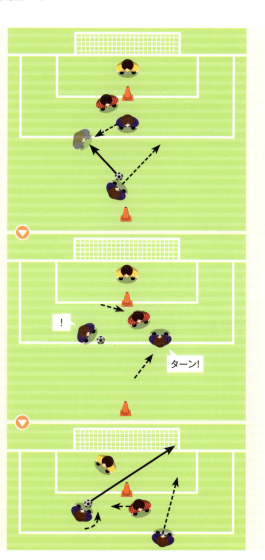

ドリルで動きのポイントをおさらいしよう　参照ページ P054 Menu021　ポストプレーからシュート

対人連携トレーニング

攻撃へのサポート意識と守備のバランスを理解する

Menu **054** ポストプレーからシュート③

難易度 ★★★★★
時間 10分

» 身につく技能
- シュート技術
- オフ・ザ・ボール
- コンビネーション
- 状況把握
- フィジカル

やり方

1. 図のように、オフェンス3人、ディフェンス、GK、コーンを配置する
2. ボールを持ったオフェンス（ⒶとⒷ）はパス交換をする
3. タイミングを計ってポスト役となるオフェンス（Ⓒ）にパスを出す
4. ⒶまたはⒷはⒸのサポートに入るように走り込む。走り込まないオフェンスは、コーンの間に残る
5. Ⓒはサポートに入った味方にパスを出してシュートを打たせる、または自分でターンをしてシュートを打つ
6. ディフェンスはボールを奪ったら、コーンの間へシュートをねらう、あるいはコーンの両サイドをドリブルで突破する

このメニューの動き方

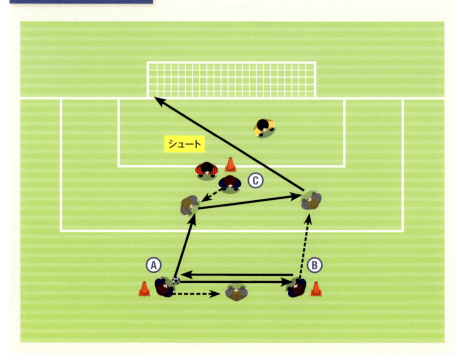

≫ オフェンスのうち1人はリスク管理を必ずする

後方の2つのコーンは自分たちが守るゴールという設定だ。そのため、オフェンスのどちらか1人が攻撃のサポートに入り、もう1人はコーンのゴールを守る。ディフェンスは1人だが、ボールを本気で奪いにいき、奪ってコーンゴールにシュートするか、コーンの両サイドをドリブルで突破したらディフェンス側の勝ちとなる。状況によっては、4のように、サポートに入る選手が入れかわっても良い。

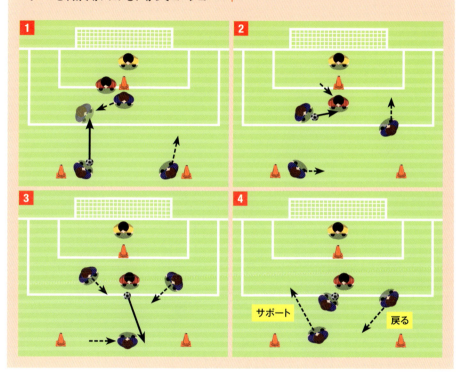

シュートの意識が希薄にならないよう指導者はよく観察する

攻撃に絡む選手が増えてくれば、攻守のバランスも崩れやすくなる。この練習はリスク管理の意識も同時に高めるが、判断の優先順位の1位はシュート。指導者は、選手のボールの持ち方などを見て、判断のなかにシュートが入っていないと思えば、選手に問いかける必要がある。人数をかけて攻めれば、周りを使いたくなるもの。奪われたら逆にピンチになるが、そのために1人が後ろに残っているのだから、必ずシュートの選択肢を頭に入れてプレーする意識を高めなければならない

対人連携トレーニング

ディフェンスラインと中盤の間でボールを受けてゴールへのチャンスを拡大する

Menu 055 ポストプレーからシュート④

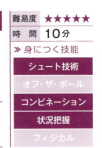

難易度 ★★★★★
時間 10分

≫ 身につく技能
- シュート技術
- オフ・ザ・ボール
- コンビネーション
- 状況把握
- フィジカル

やり方

1. 図のように、オフェンス3人、ディフェンス2人、GK、マーカー、コーンを配置する
2. ボールを持ったオフェンス（ⒶとⒷ）はパス交換をする
3. 前のディフェンス（Ⓓ）はパス交換についていき、縦パスのカットをねらう
4. ⒶまたはⒷはタイミングをみてポスト役となるオフェンス（Ⓒ）にパスを出す
5. ⒶまたはⒷはⒸのサポートに入るように走り込む。走り込まないオフェンスは、コーンの間に残る。Ⓓはボールを奪いに向かう
6. Ⓒはサポートに入った味方にパスを出してシュートを打たせる、または自分でターンをしてシュートを打つ
7. ディフェンスはボールを奪ったら、コーンの間へシュートをねらう、あるいはコーンの両サイドをドリブルで突破する

このメニューの動き方

図ではⒷがサポートに入り、Ⓐがコーンゴールを守っているが、状況によって自由に入れかわっても良い

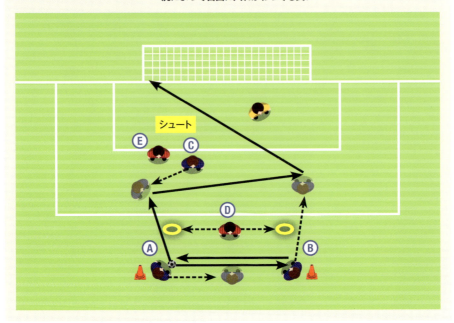

ポイント アンカーを1人置いてより実戦に近づける

Menu054と同様、オフェンスは後ろの2人でパス交換してからタイミングを見て、前にいるポスト役の選手にパスを出してポストプレーから攻める。1人は攻撃のサポートに入り、もう1人が後ろのゴールを守るという点も同じだが、今度はディフェンスが1枚から2枚に増える。前のオフェンスをマークするディフェンスをセンターバックとすれば、パス交換の2人をマークするディフェンスはボランチ、アンカーを想定している。このアンカーはパスカットしてもOKというルールだ。よりプレッシャーがきつくなるので、実戦に限りなく近づいたトレーニングとなる

アンカーとは!?

「4-4-3」の場合

「4-3-3」のシステムなどでディフェンスラインと中盤の間に配置されるポジションのことだ。守備でチームに安定をもたらすことを主な役割とし、危機察知能力、ボール奪取能力に長けており、豊富な運動量を持つ選手が起用される。日本代表においては、長谷部誠選手（フランクフルト）や、山口蛍選手（セレッソ大阪）らがよく起用されている

ワンポイントアドバイス

≫ 相手にとって危険なスペースが攻撃側には大きなチャンスになる

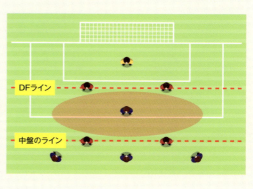

センターバックとボランチの間、つまり中盤とディフェンスラインの間で前を向いてボールを受けることができれば、ゴールのチャンスが拡大する。守備側から見れば、逆にこのスペースを消すために厳しいプレッシャーをかけなければいけないのだ。サッカーは、このスペースを巡る攻防が激しい競技。ここを突破するため、アイデア、コンビネーション、相手の観察が大事になってくる

対人連携トレーニング

サイドからのゴールへのイメージを膨らませる

Menu **056** 3対3からセンタリングシュート

難易度 ★★★☆☆
時間 10〜15分

≫ 身につく技能
シュート技術
オフ・ザ・ボール
コンビネーション
状況把握
フィジカル

やり方

1. 図のように、オフェンス3人、ディフェンス3人、フリーマン2人、GKを配置する
2. オフェンスはディフェンスとパス交換をしてスタート
3. フリーマンを使いながら、センタリングからのシュートをねらう
4. フリーマンを使わずにシュートをねらっても良い
5. ディフェンスはボールを奪ったらペナルティーエリアの外にドリブルで出るか、外にクリアする。その際、フリーマンを使っても良い

このメニューの動き方

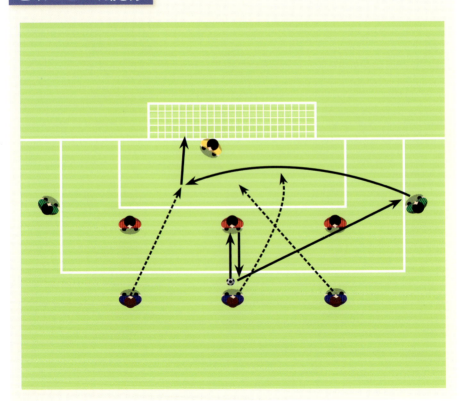

ポイント フリーマンもシュートをねらう

このメニューは基本的にはオフェンスがセンタリングに合わせてシュートを打つことをねらいにしているが、それが目的ではない。ゴールを奪うことが実戦においてはもちろん、トレーニングにおいても最大の目的となる。フリーマンを使いたいがあまりに自らシュートする意識が希薄にならないようにしたい。またフリーマンは、トレーニングによっては補助的な役割と捉えられがちではあるが、プレーヤーの1人であることに変わりはない。このメニューにおいては、サイドでボールを持ったフリーマンでも、センタリングだけではなくシュートの選択肢を常に持ってプレーすることが大事。ゴールへの意識を高くすることで、自然とボールの持ち方も良くなるはずだ

ここに注意!

≫ 守備の意識も忘れずに

ディフェンスはボールを奪ったら、ドリブルでエリア外に出るか、クリアをねらってくる。オフェンスは、当然それを防ぎにいくこと。攻守の切りかえを素早く行い、次の攻撃につなげるプレーを心掛けよう

≫ プレーが切れても連続して行うように

ボールがラインの外に出たら、すぐに後ろからボールを配球してトレーニングを継続しよう。一度プレーが終わっても、集中を切らさずに次のプレーへ切りかえるようにすること

ドリルで動きのポイントをおさらい

 参照ページ **P068 Menu028** センタリングからシュート①

 参照ページ **P070 Menu029** センタリングからシュート②

COLUMN 器用さより長所を伸ばそう

　小中学生の年代は、どの部分を重点的に伸ばしたらいいのだろうか。よくそういう質問を受けるが、まずはしっかり止めて蹴ることが大切。そして、あとは判断力が非常に重要になる。それには、いかにたくさん見て情報をインプットすることだ。「両足で蹴れるようになりなさい」

　これは、どの指導者も教えることだろうが、利き足のほうが精度は高いのは間違いない。であれば、オフ・ザ・ボールの駆け引きをすることによって、利き足で蹴ることのできる状況をつくったほうが、シュートの成功率も上がるはずだ。

　もちろん、両足が同じように使えるに越したことはない。しかし、それよりは、利き足で打ちやすい位置にボールを置けるように動いたほうが話は早い。そうすると、自分が思い描いたイメージを実現させるために、頭も使うし、体の動き方もスムーズになる。そのほうが選手も伸びるはずだ。

　苦手なほうの足で蹴られるように反復練習を一生懸命やっても、とくに小学生の場合はすぐ飽きてしまうだろう。だが、自分のイメージ通りに相手を動かすことができれば、子どもだって面白いはず。捕まえられないようにゴール前まで行って、シュートを打つのは鬼ごっこと同じ感覚だ。ただ、苦手なことでも地道に一生懸命取り組める子どもも、たくさんいる。そういうタイプは、ディフェンス向きかもしれない。点を取る選手は、自己主張が強く、わがままなところがあるのかもしれない。

第5章
シュートゲーム

トレーニングで身につけた動きを発揮するためには、実戦の前にゲーム形式のトレーニングを取り入れることが効果的。シュートを打ちやすい状況をつくるためにさまざまなルールや条件を設定して、選手のゴールへの意識を高めることが重要だ。

シュートゲーム
のねらい

? なぜ必要?

≫ ルールを設けたり動きを制限したり
することで、意図的にシュートを打つ環境を
生み出したトレーニングを行う
≫ ゴールから逆算したプレーを考えて実行する
意識を高めることができる

✕ ここに注意!

≫ ルールや制限にプレーが縛られすぎない
ようにすること。あくまでねらいはシュートを
打ってゴールを奪うこと
≫ 意図した動きが引き出せていないと
判断したら、ルールや設定を随時見直し
ながら取り組むこと

ルールを設けたゲームで
シュートの意識を高める

　第1章、2章はドリル形式のトレーニングで動きの流れを身につけた。続く第3章、4章ではディフェンスを配置することで、その動きを相手がいる少人数の局面のなかでも発揮できる力を高めるトレーニングを行った。次は、より実戦に近づけたゲーム形式のトレーニングで動きの質を高めていく。

　基本的には、シュートを決めるチャンスが多いゲームであるので、ペナルティーエリアのスペースや、フットサルコート大の狭いスペースで行う。ルールもいろいろ自由に決めて良い。ペナルティーエリアに入ったらダイレクトシュート限定というような条件をつけたり、フリーマンを縦の位置に配置することでポストプレーを成功しやすくしたり、サイドにフリーマンを配置することでセンタリングを成功しやすくしたりもする。このルールや設定により、

ねらった動きをゲームのなかで引き出しやすい環境をつくるのだ。当然、選手はゴールに直結する確率の高いプレーを選択するので、こういったプレーをゲームのなかで行いやすくなる。つまり、ゴールから逆算したプレーを意図的に意識させることができるのだ。

　ゲームのルールは一例であるため、指導者のねらいによってアレンジしても構わない。実際にやっている選手の中から改良案が生まれてくるとさらに良いだろう。ゲームであるので、指導者がやりたいように改善・修正を加えて活用してほしい。

　そして、さらに大事なことは、第4章でも述べたように、練習のねらいはあくまで"シュートを決める"ということだ。もし意図した動きが引き出せていないと判断したら、ルールやコートサイズを修正するなど、指導者の方々も注意してもらいたい。

シュートゲーム

サポートの意識を高めて
シュートへもっていく

Menu **057** 4対4（サポートの意識）

| 難易度 | ★★★★★ |
| 時間 | 10分 |

» 身につく技能
- シュート技術
- オフ・ザ・ボール
- コンビネーション
- 状況把握
- フィジカル

まずは、4対4で「シュートゾーン」に進入して、ダイレクトシュートを打つゲームだ。エリア外のシュートは禁止。エリア内でのサポート意識を高めるのがねらいだ。

配置図

[準備]
1. フットサルコート程度の広さとする
2. 人数は4対4とし、GKは配置しない
3. ゴールはミニゴールを設置する
4. ゴール前に「シュートゾーン」を設ける

[ルール]
1. 「シュートゾーン」の外からのシュートは禁止とする。また、ドリブルで進入してからのシュートも禁止とする
2. 「シュートゾーン」の中では、パスからのダイレクトシュートのみをOKとする

なぜ必要？

≫ ゴールから逆算してプレーする意識を持たせる

ゴールから逆算してプレーできるように、パス＆ゴーで「シュートゾーン」（実戦ではペナルティーエリアをイメージ）に進入したら、ダイレクトシュートを放つ。味方をサポートする意識を高めてシュートへもっていくトレーニングだ。大切なのは、ボールを持っている選手に対して良い距離感を保つこと。シュートをねらう選手は、味方を孤立させないようにサポートに入り、パスを受けてシュートを打とう。サポートに入ることで、ボール保持者が選択肢を多く持ってプレーできるようになる。コートが広すぎて走る距離が長くなってしまう場合や、より展開を速めたトレーニングを行いたい場合は、ペナルティーエリア程度に狭くしても良い

うまくいかない場合は動きのポイントをおさらい

 参照ページ P060 Menu024　3人目の動きからシュート①

 参照ページ P062 Menu025　3人目の動きからシュート②

シュートゲーム

ポストプレーを意識しながら常にシュートをねらう

Menu **058** 「4対4」＋4＋2GK（ポストプレー）

難易度 ★★★★☆
時間 10分

≫ 身につく技能
- シュート技術
- オフ・ザ・ボール
- コンビネーション
- 状況把握
- フィジカル

ペナルティーエリア大のコートを2つ重ねて4対4を行う。攻撃側はゴール横のフリーマンを使えるというゲームだ。ポストプレーを意識してシュートをねらっていこう

配置図

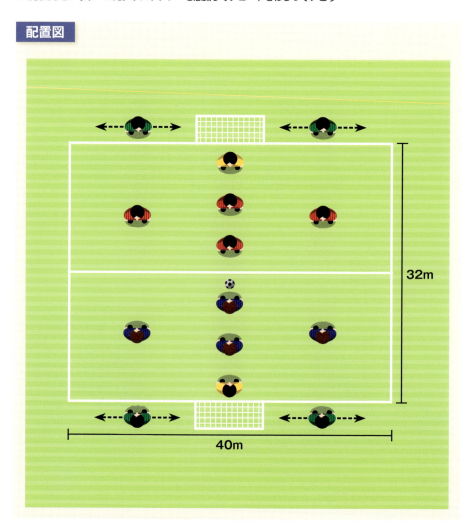

[準備]
1. ペナルティーエリア2つぶんの広さとする
2. 人数は4対4とし、GKを配置する
3. 両ゴール脇に4人のフリーマンをそれぞれ配置する

[ルール]
1. 攻撃時には、攻めているゴールの横にいるフリーマンを自由に使うことができる
2. 守っているゴールの横にいるフリーマンを使うことはできない

❓ なぜ必要？

≫ ポストプレーを中心にパス&ゴーの意識でゴールを目指す

攻撃時にはゴール横にいる2人のフリーマンを使うことができるので、ポストプレーからのダイレクトシュートをねらったり、コントロールしてGKを動かして逆を突くシュートをねらったりできる。フリーマンへパスを出すだけでは次のプレーにつながらずゴールに近づくことはできないので、パス&ゴーの意識を常に持ってプレーする。フリーマンとのパスコースが重ならないように気をつけながら、周囲の選手はボールを持っている選手をサポートするようにしよう

うまくいかない場合は動きのポイントをおさらい

 参照ページ **P124 Menu052** ポストプレーからシュート①

 参照ページ **P126 Menu053** ポストプレーからシュート②

シュートゲーム

選手全員が常に
シュートの意識をもつ

Menu **059** 「4対4」+2+2GK（ポストプレー）

難易度	★★★★☆
時間	10分

» 身につく技能

- シュート技術
- オフ・ザ・ボール
- コンビネーション
- 状況把握
- フィジカル

次は、フリーマンを互いのオフサイドライン上に置いた4対4。ポストに使っても、自らシュートを打ってもいいので、どんどんシュートを打っていこう

配置図

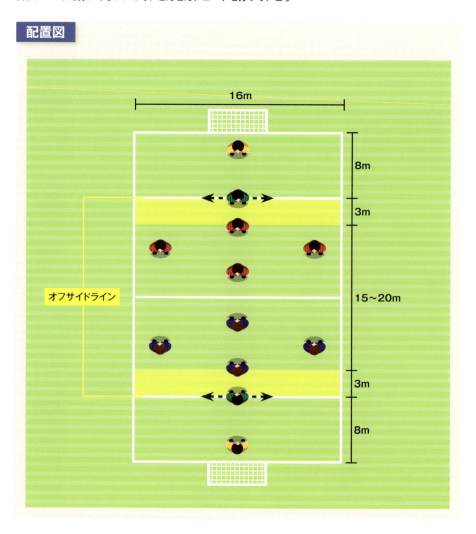

[準備]
1. 縦30~40m程度、横16m程度のコートの広さとする
2. 人数は4対4とし、GKを配置する
3. ゴールラインから8m程度のラインにフリーマンを配置する
4. フリーマンの配置ラインから3m程度のエリアを設ける

[ルール]
1. フリーマンの位置するラインをオフサイドラインとする
2. 攻撃時には前方にいるフリーマンを自由に使うことができる
3. 自陣側のフリーマンを使うことはできない
4. フリーマンはエリアの中でボールを受ける。
ボールを受けたらパスを出してもシュートを打っても良い

❓ なぜ必要？

≫ ポストプレーヤーも含めてシュートの意識を持つ

オフサイドライン上に位置するフリーマンはポスト役ではあるが、ボールを受けてから守備のプレッシャーが弱いようであれば、自らターンをしてシュートを打っても構わない。フリーマンの判断はポストだけではないということだ。ポストプレーを念頭に置きながらも、常にシュートを打つという意識を持っておくことが必須だ。広く視野を確保して、いつでも前を向けるように体の向きに注意を払おう

うまくいかない場合は
動きのポイントをおさらい

 参照ページ P128 Menu054 ポストプレーからシュート③

 参照ページ P130 Menu055 ポストプレーからシュート④

シュートゲーム

どのレンジからも シュートをねらう意識を培う

ねらい

難易度	★★★★☆
時間	10分

≫ 身につく技能

シュート技術
オフ・ザ・ボール
コンビネーション
状況把握
フィジカル

Menu **060** 「4対4」＋2＋2GK（センタリング）

人数は Menu059 と同じだが、今度は両サイドにフリーマンを置いてゲームを行う。
センタリングを主眼に置きつつ、フリーマンもシュートを積極的にねらう意識を持とう

配置図

32m

40m

［準備］
1. ペナルティーエリア2つぶんの広さとする
2. 人数は4対4とし、GKを配置する
3. 両サイドにフリーマンを配置する

［ルール］
1. 攻撃時には両サイドのフリーマンを自由に使うことができる
2. フリーマンは2タッチ以内とする
3. フリーマンはセンタリングを上げるだけではなく、中に切り込んでシュートを打っても良い

なぜ必要?

≫ GKやディフェンスの位置を見てサイドからでもゴールをねらう

両サイドのフリーマンはどちらのチームでも使うことができる。中央でのパス回しからサイドのフリーマンへ展開してセンタリングを上げ、そのボールに合わせてゴールを奪うのが基本的なパターンだ。しかし、フリーマンの役目はそれだけに限らない。ボールを受けた後、ファーストタッチでコートの中に切れ込んでも構わない。GKがセンタリングに合わせて前に出ていたり、ディフェンスのプレッシャーが甘いようならば、自らシュートにいってもOKだ

うまくいかない場合は
動きのポイントをおさらい

参照ページ P070 Menu028 センタリングからシュート②

参照ページ P132 Menu056 3対3からセンタリングシュート

シュートゲーム

GKとディフェンスを広い視野で捉える意識を高める

ねらい

Menu 061 「4対4」+2GK（2ゴール）

難易度 ★★★★☆
時間 10分

» 身につく技能
- シュート技術
- オフ・ザ・ボール
- コンビネーション
- 状況把握
- フィジカル

前頁のメニューと同じ広さのコートにそれぞれゴールを2つ設置する。GKは1人で2つのゴールを守る。GKの動きを見て、空いているゴールへ攻めるトレーニングだ

配置図

[準備]
1. ペナルティーエリア2つぶんの広さとする
2. 人数は4対4とし、GKを配置する
3. 双方にフットサル用ゴールを2つずつ配置する

[ルール]
1. GKは両方のゴールを守る必要がある
2. 攻撃時には、どこからシュートを打っても良い
3. GKは手を使って守っても良い。
フットサルと同じ広さのペナルティーエリアとする

❓ なぜ必要？

≫ 攻守の双方にメリットが多いトレーニング

2つのゴールがあるが、GKは1人しかいない。攻撃側は空いているほうのゴールをねらってシュートを打つ必要があるため、GKとディフェンスのポジションを常に見る意識がより高まる。ミドルシュート、ループシュートなどさまざまな形で遠目のレンジからのシュートにチャレンジしよう。守備側にとっては、攻撃側のシュートコースやパスコースをうまく消すなどしてシュートを打たせないようにする必要がある。1つのゴールで行うときよりも、よりGKとDFの連係意識が高まることになる

うまくいかない場合は
動きのポイントをおさらい

 参照ページ
P114 Menu047　トライアングルパス＆シュート

 参照ページ
P116 Menu048　スクエアパス＆シュート

シュートゲーム

ゴール前の最終ラインを突破してシュートを打つ

Menu **062** 「4対4」＋1＋2GK（最終ライン突破）

難易度	★★★★★
時間	10分

» 身につく技能
- シュート技術
- オフ・ザ・ボール
- コンビネーション
- 状況把握
- フィジカル

コートを3分割して、真ん中のエリアでフリーマン1人を加えて4対4の攻防を展開。最終ラインを突破するイメージを持ってパスを回してシュートにつなげよう。

配置図

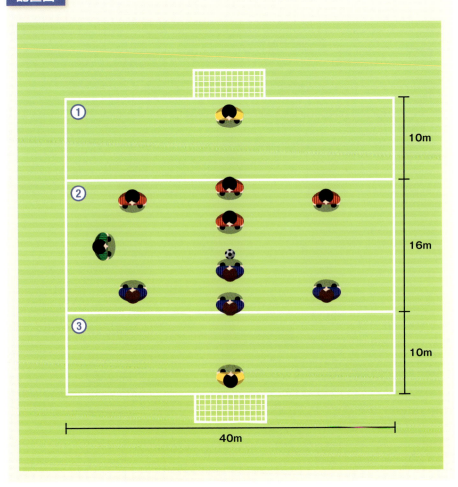

[準備]
1. ペナルティーエリア3つぶん程度のコートとし、図のように3分割する
2. 人数は4対4とし、GKを配置する
3. 中央（②）のエリアの中にフリーマンを配置する
4. エリアの境目をオフサイドラインとする

[ルール]
1. フリーマンはボールを持っているほうの味方となり攻撃に参加する
2. 攻撃側は、前方のエリアへの突破を目指す。エリアの中には何人進入しても良い
3. 守備側は、自陣側のエリアに入ることはできない②のエリアからシュートを打つことはできない

なぜ必要？

ゴール前を巡る攻防を体感する

サッカーではゴール前のエリアでのアイデアが、攻撃のカギを握るといわれる。そのゴール前に入り込む＝最終ラインを突破するまでが大変なのだ。守備側は、自陣のエリアに守備のために戻ることはできないので、中央のエリアで相手の攻撃を食い止める必要があるが、ブロックを作って守るとボールを奪いにいく判断が薄れてしまう。それを防ぐために、「パスを10本つなぐと1点」というルールを設けても良いだろう。また、攻撃側の味方へサポートする意識を高めるため、シュートはダイレクトに限るというルールにしても良い。慣れてきたら、フリーマンなしの同数でやってみよう

うまくいかない場合は動きのポイントをおさらい

 参照ページ P030 Menu011 ダイアゴナルランからシュート

 参照ページ P064 Menu026 狭いエリアからライン突破

シュートゲーム

状況を見て自陣から攻撃を
サポートにいく意識を高める

難易度	★★★★★
時　間	10分

≫ 身につく技能

シュート技術
オフ・ザ・ホール
コンビネーション
状況把握
フィジカル

Menu **063** 「4対4」＋2GK（2コート）

シュートゲームの最後は、コートを2分割して攻守のバランスを取りながら攻め合う。ボールを持った側は、1人だけ攻撃のサポートに出ていける。数的優位をつくり、時間をかけずにゴールを奪うトレーニングだ

配置図

サポートに入る

[準備]
1. フットサルコート程度の広さとし、横に2分割する
2. 人数は4対4だが、それぞれのコートに攻守2人ずつ配置する。GKを配置する

[ルール]
1. 攻撃側が前方のコートでボールを持っている場合は、1人だけサポートのために後方のコートから前方のコートへ進入しても良い
2. 前方エリアに進入する際、ドリブルで進入するのはNGとする。パスに対してファーストタッチで進入するのは良い

なぜ必要？

≫ 素早いサポートで常に数的優位をつくる

4対4のゲームだが、相手コートでボールを持つ側は、自陣から1人だけ攻撃のサポートのために出て行くことができる（もう1人は、守備のリスク管理を考えて必ず自陣に残る）。
つまり、積極的なサポートが加わることで相手陣内では3対2となり数的優位をつくれる。攻撃に時間をかけてしまうと、奪われた場合は自陣側が数的不利のため一気にピンチを招くことになるので、時間をかけずにゴールを奪いにいこう。当然、このゲームでもシュートを打ってゴールを奪うことが目的だ。そのため、GK、ディフェンスの状況によっては、後ろのエリアからシュートをねらっても良い

うまくいかない場合は動きのポイントをおさらい

 参照ページ P058 Menu023 オーバーラップからシュート

 参照ページ P120 Menu050 オーバーラップを意識した2対1

COLUMN 「和製メッシ」が教えてくれること

　バディーSC（U-12）は神奈川県で活動しており、Jリーグクラブの育成組織は当然のように強力なライバルとして立ちはだかる。なかでも過去に強烈なインパクトを残したのが、今ではトップチームで活躍し、2014年ブラジルワールドカップの日本代表にも名を連ねた齋藤学選手（横浜F・マリノス）だ。

　現在の齋藤選手は"キレキレのドリブラー"という印象が強いが、実は小学生の頃から能力の高いパサーでもあった。だから、彼のパスを警戒して距離を置き、スペースを与えるとドリブルで持ちこまれるし、ディフェンスが数人マークにいくと、スッと決定的なパスを出されてしまう。選手だけでなく、指揮官の私も非常に手を焼いた選手だった。

　今も頭から離れない齋藤選手のプレーが、2013年の東アジアカップ（オーストラリア戦）で挙げたゴールである。左サイドからペナルティーエリアを斜めにドリブルして

いって、キックフェイントでかわし、ディフェンスの間から右足を振り抜いて、ゴールキーパーの逆を突いたシュートだ。これは、本書でも繰り返し述べてきたシュートの極意の集大成なのだ。ディフェンスを抜くのではなく、かわしてブラインドからシュート。ドリブルとシュートのタッチを変えず、GKにタイミングを教えない。齋藤選手はこのとき、一度もGKを見ていなかったように見える。おそらく周辺視野のどこかでGKの位置は確認していたのだろうが。少年サッカーの指導者は必ず「顔を上げろ」「首を振りなさい」と口すっぱく指導するが、そうすると、逆に相手にもシュートのタイミングを知らせるようなものだ。

　齋藤選手のシュートは彼にしかできない技術かもしれないが、相手を常に観察し、逆を突こうという意識は誰にでも持つことができるだろう。

第6章
アジリティーシュートドリル

ゴールまであと一歩、足が届かなかった…。
その差を埋めるためには、
速く、そしてスムーズに体を動かせる力が必須だ。
シュートを意識したアジリティートレーニングで、
イメージ通りの体運びを身につけよう。

アジリティーシュート ドリル

? なぜ必要?

》 素早く、かつスムーズな体の動き方を
　身につけてシュートにつなげる
》 あと一歩の差、数秒の差を埋める
　トレーニングを行いゴールの可能性を高める

✕ ここに注意!

》 下半身を速く動かすことよりも、
　上半身に意識をおいて体重を移動させる
　ことを意識する
》 "ねじり"を意識して、体に1本の軸を
　つくることを心掛ける

上半身主導の
体の使い方を身につける

　最後の第6章は、アジリティー（体の敏捷性）を鍛えながら、シュート練習にも取り組むメニューだ。単なるアジリティーのトレーニングで終わるのではなく、素早く、かつスムーズに動ける体をつくりながら、最後はやはりシュートを決めて終わりにするトレーニングにしたい。楽しみながら取り組めるメニューを紹介する。

　サッカーは足でボールを扱う競技であるため、体の動かし方も下半身主体だと考える人は多いはずだ。しかし、「上半身主導」で動くことのほうが重要であると考えている。なぜなら、体軸の中心は"みぞおち"にあるからだ。速く、スムーズに体重を移動させて動くためには、下半身ではなく上半身に中心があることを意識して体を移動させる必要があるのだ。ボールを操る下半身を先に動かす意識があると、上体がなかなかついてこないもの。みぞおちの部分から主導して、ステップワークに取り組んでみてほしい。

　また、上半身・下半身は連動して動くが、そこに"ねじり"という意識が加われば、もっと楽に動くようになるはずだ。たとえば、1本のタオルを両手で上下に持ち、上の手を離してみてほしい。当然、そのままでは落ちていき、上に戻すためには下の手で力を加えて振り戻す必要がある。これがもし、タオルを絞った（ねじった）状態で1本の軸となったまま落ちれば、落ちた状態から上に戻す際、ねじりからの戻りの動きが加わるので、そのまま落ちた状態よりは楽に戻すことができる。これは体も同じだ。上半身がそのまま揺れ動いてしまうと、そこから戻すには高い筋力が必要になる。しかし、ねじりを意識して1本の軸ができていれば、バランスを崩した状態からでも戻りやすいということだ。

　小中学生の年代はまだ筋肉が伴っていないので、体軸をしっかり保ちながら、ねじりを意識して取り組んでもらいたいと思う。

アジリティーシュートドリル

サイドステップでマークを外す動きを身につける

ねらい

Menu **064** サイドステップからシュート

難易度	★☆☆☆☆
時間	5分

» 身につく技能
- シュート技術
- オフ・ザ・ボール
- コンビネーション
- 状況把握
- フィジカル

やり方

1. 図のように、オフェンス、コーチ、コーン、ボールを配置する
2. オフェンスは、左右どちらかのコーンにタッチした後、置いてあるボールをシュートする（①）
3. シュートコースは、直前にコーチが指示する
4. コーンをタッチではなく、コーンの外を回るパターンでも行う（②）

このメニューの動き方

156

ポイント

① アジリティーの動きからシュートまでを一連の動作で行うことを意識する
② 細かいステップからのシュートの動作のなかで、軸足の位置に注意し、立ち足を柔軟に使う感覚を養う
③ ボールを蹴った足が、蹴った後に一歩前に出るよう振り切る

なぜ必要?

» マークを外すサイドステップの動きを身につける

最終ラインへのパスに対して走り込んで突破する際や、センタリングのボールに合わせる際は、ディフェンスのマークを外す必要がある。一瞬の動きでディフェンスと駆け引きをして、ボールを受けるスペースをつくる感覚を身につけるのがこのトレーニングのねらいだ。実戦のなかでの動きをイメージしてやってみよう

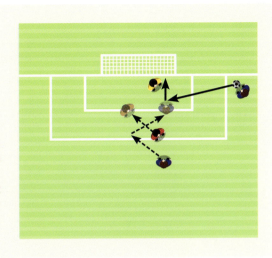

Arrange

コーチからのパスをコントロールする

置いてあるボールに対してシュートするのではなく、コーチからパスを受けて、コントロールしてからシュートにもっていく動きもやってみよう。より実戦の状況に近づいたトレーニングとすることができる

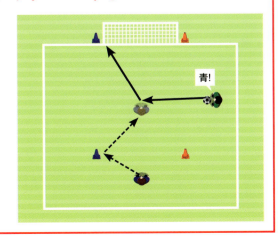

アジリティーシュートドリル

バックステップから裏に抜ける動きを身につける

ねらい

Menu 065 バックステップからシュート

難易度 ★☆☆☆☆
時間 5分

≫ 身につく技能
- シュート技術
- オフ・ザ・ボール
- コンビネーション
- 状況把握
- フィジカル

やり方

1. 図のように、オフェンス、コーチ、コーン、ボールを配置する
2. オフェンスはコーンをタッチした後、バックステップで後ろに戻る
3. コーチはパスを出す
4. オフェンスはパスに対して走り込んでシュートする
5. シュートコースは、直前にコーチが指示する

このメニューの動き方

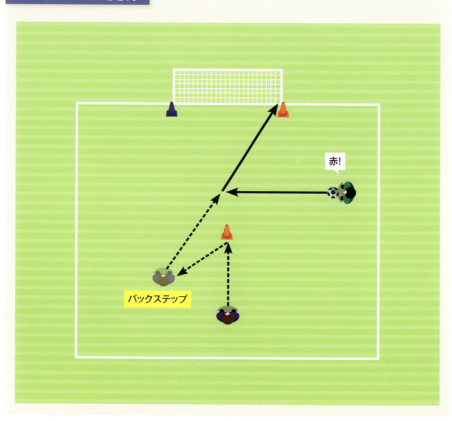

① バックステップしながらも視野を広く確保する
② 緩急を加えた斜め前、斜め後ろへのステップワークを意識する
③ パスに対して抜け出してから、シンプルにゴールを目指す

» 最終ラインの裏へ出たスルーパスに対して走り込む

このトレーニングでは、前方への走りから動きの方向を後方へ切りかえて、一度ゴールから遠ざかるバックステップをする点が大切だ。この動きにより、裏へ抜け出すフリをしてから一瞬戻り、方向を変えてボールを受けるという動きにつながる。動きの方向だけでなく、緩急がつくことでより相手を惑わせることができるのだ。パスの種類はグラウンダー、浮き球、バウンドボールなど、種類を多彩にする

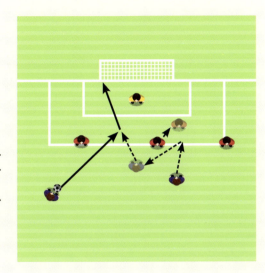

Arrange
コーンを回って後ろ向きでボールを受ける

前方でパスを受けるだけではなく、コーンを回ってからボールを受けるパターンもやってみよう。ファーストコントロールで素早く前を向き、シュートまでもっていく。視野を確保するためのアングルが大切だ。シュートコースは同じくコーチが指示を出す

アジリティーシュートドリル

360度の動きのなかでパスを受ける

ねらい

Menu 066 四方からのパスを受けてシュート

難易度 ★☆☆☆☆
時間 5分

» 身につく技能
- シュート技術
- オフ・ザ・ボール
- コンビネーション
- 状況把握
- フィジカル

やり方

1. 図のように、オフェンス、ボールの出し手4人、コーンを配置する
2. オフェンスは、好きなコーンを回ってから出し手からのパスを受ける
3. パスを受けたらコントロールしてシュートを打つ

このメニューの動き方

なぜ必要?

» **360度のスムーズで速い動きを身につける**

サッカーにおいては、前後左右、斜めを加えた動き、かつそれぞれの動きの方向をスムーズに切りかえる必要もある。つまり、360度どこにでも動くということだ。このトレーニングでは、オフ・ザ・ボールの駆け引きのなかでディフェンスの背後をとる動きを意識してやってみよう。そのために走りながら必要な情報を入れることが大切だ。この動きは、攻守にわたって必要だ。慣れてきたら、ディフェンスをつけてやってみても良い

アジリティーシュートドリル

裏をとるための
ステップワークを身につける

Menu **067** クロスステップからシュート

難易度 ★☆☆☆☆
時間 5分

≫ 身につく技能
- シュート技術
- オフ・ザ・ボール
- コンビネーション
- 状況把握
- フィジカル

やり方

1. 図のように、オフェンス、コーチ、マーカーを配置する
2. オフェンスは、2つのコーンにタッチしてから、コーチからパスを受ける
3. パスを受けたらシュートする
4. シュートコースは、直前にコーチが指示する

このメニューの動き方

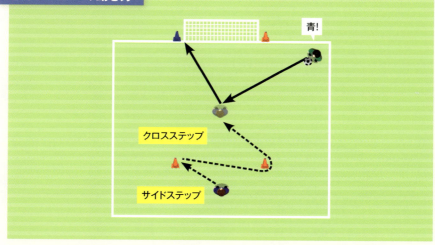

なぜ必要？

≫ **サイドステップとクロスステップを使い分ける**

短い距離を細かく移動するときはサイドステップ、ある程度の距離を速く移動するにはクロスステップが有効だ。ディフェンスの背後を取るために、状況や場面に応じてステップを使い分けよう。スペースをつくり出すためには細かく

サイドステップで動き、スペースへ入り込むにはクロスステップで素早く進入するイメージを持つ。速く動こうとするあまりに下半身に意識を置きすぎないこと。上半身から移動するイメージは常に持つ

アジリティーシュートドリル

連続した動きでも
体の向きをぶらさない

Menu **068** 連続ステップからシュート

難易度 ★★★☆☆
時間 5分
» 身につく技能
シュート技術
オフ・ザ・ボール
コンビネーション
状況把握
フィジカル

やり方

1. 図のように、オフェンス、ミニハードル（またはミニコーンにバーをかけたもの）、マーカー、ボールを配置する
2. 四角に置いたミニハードルを前後左右に4回またぐ
3. 体を正面に向けたまま横向きに走りながら、マーカーをかわす。体を進行方向に向けて走る方法でも行う
4. 置いてあるボールに走り込み、シュートを打つ

このメニューの動き方

ポイント

① 2つの異なるステップワークの動きの流れを切らないように、一連の動作で行う
② 重心を下半身ではなく、上半身主体に置く意識を持つ
③ 上半身と下半身が同時に動くイメージで行う
④ 連続性のなかにも、体の向きを崩さないようにする

ワンポイントアドバイス

≫ 連続ステップはしなやかさを意識

ミニハードル、またはミニコーンにバーをかけてつくった四角形を準備して、規則的に4回連続で前後左右に跳びこえる。最初は太腿を上げながらのステップを基本として、両足ジャンプ、片足ジャンプなどもやってみよう。ジャンプをしようとすると、下半身の力を使って跳びがちだが、意識は上体に置く。フワっと、しなやかに跳ぶイメージを持とう

≫ マーカーを細かいステップでかわす

連続ステップの動きから、アジリティー要素の高いさらに細かいステップワークに切りかえる。2つの動作を別々のものではなく、一連の流れで行うという意識が大切だ。体の向きは正面のまま横に走ったり、両足や片足で連続ジャンプをしたりするパターンでやるのも良いだろう

アジリティーシュートドリル

不安定な体勢を立て直してシュートする

Menu **069** 障害物をかわしてシュート

難易度 ★★★☆☆
時間 5分

» 身につく技能
- シュート技術
- オフ・ザ・ボール
- コンビネーション
- 状況把握
- フィジカル

やり方

1. 図のように、オフェンス、ハードル（またはコーンにバーをかけたもの）、マーカー、ミニハードル（またはミニコーンにバーをかけたもの）、コーン、ボールを配置する
2. 1つ目のハードルの下をくぐる
3. マーカーの間をジグザグにサイドステップしながら進む
4. ミニハードルをジャンプして跳び越える
5. コーンの中央に置いてあるボールを横へのタッチでコントロールして、シュートを打つ

このメニューの動き方

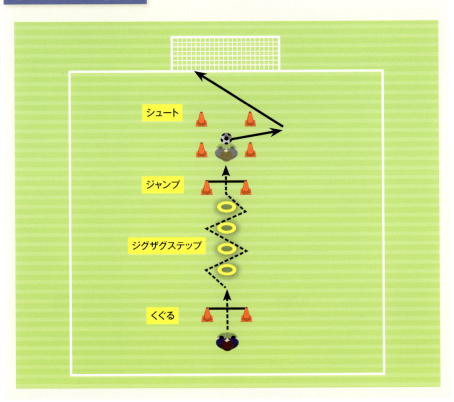

ポイント

① スムーズな加重移動を意識して、不安定な体勢から立て直す
② 細かいステップワークを駆使してボールをコントロールする
③ 緩急のつけ方を体で覚えて、シュートにつなげる
④ 左右どちらの足でシュートを打つかは、ジャンプ後のゴールとの角度によって決める

≫ くぐる動きはなめらかに

実戦のなかで体をかがめるような動きを行うことは多くはないが、体のバランスを崩して不安定な体勢となる場面は必ずある。そのような体勢からのリカバリーを考えながら、なめらかにくぐる動作を行う。みぞおちあたりに意識を置いて、グッと体を起こすことが大切

≫ 緩急の使い方を覚える

このトレーニングでは、最初のくぐる動きはゆっくり、ジグザグのサイドステップはスピードを上げ、ジャンプでフワッと一度スピードを落とし、最後は素早くコーンをかわしてシュートを打つ。緩急をつけて前にボールを運ぶ意識を持って行うこと。実戦では、単調なスピードで進んでもディフェンスを崩すのは難しい。しなやかに、効率よく動くことも大事だ

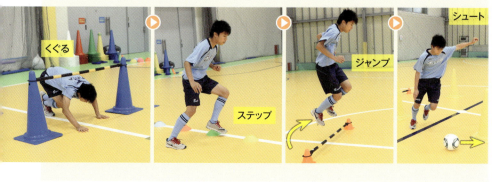

アジリティーシュートドリル

スプリントから敏捷性を落とさずにボールをコントロールする

Menu **070** スプリントからのシュート

難易度 ★☆☆☆☆
時間 5分

» 身につく技能
シュート技術
オフ・ザ・ボール
コンビネーション
状況把握
フィジカル

やり方

1. 図のように、オフェンス、GK、ボール、コーンを配置する
2. ボールが置いてある地点までダッシュで走る
3. ボールをコントロールして、コーンの間をドリブルで進む
4. シュートを打つ

このメニューの動き方

!ポイント

① スプリントの後、スピードをゼロに落とさないように。いかにスピードを落とさずにボールをコントロールできるかが大切
② 体とボールが一緒に動くイメージで行う
③ ジグザグドリブルからのシュートはタイミングを意識する。単調にならないよう、GKやディフェンスとタイミングの駆け引きをするイメージを持って行う

ワンポイントアドバイス

≫ ジグザグドリブルはステップワークを意識

ドリブルであるため、ボールコントロールに意識を向けがち。しかしこのトレーニングはアジリティーのトレーニングであるため、ボールさばきよりはステップワークに重点を置こう。スムーズに、かつ素早く体を動かしながらボールを運ぶようにしよう

≫ ドリブルのやり方はさまざまなタッチで行う

ジグザグにボールを運ぶためのタッチはさまざまな種類がある。単一のタッチで全てを進んでも良いし、複数のタッチを組み合わせても良い。同じタッチで何度も繰り返すのは禁物だ
- 右足だけ
- 左足だけ
- スライド
- イン・アウト
- 両足のアウトサイドだけ
- ロールイン
- ロールアウト

etc

アジリティーシュートドリル

上半身を意識した
ステップワークを身につける

ねらい

Menu **071** 連続性を
意識した動きからシュート

難易度 ★★★★☆
時間 5分

» 身につく技能
シュート技術
オフ・ザ・ボール
コンビネーション
状況把握
フィジカル

やり方

1. 図のように、オフェンス、コーチ、GK、コーン、ハードル（またはコーンにバーをかけたもの）を配置する
2. 寝かした3つのコーンを前後左右に4回またぐ
3. コーチからパスを受けてコントロールし、ハードルの下へボールを通す
4. ひし形に並べたコーンの間を縫うようにドリブルする
5. シュートを打つ

このメニューの動き方

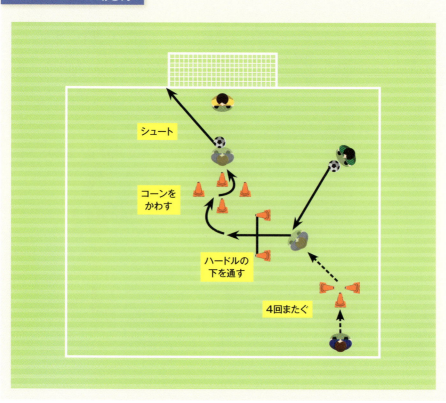

ポイント

① 上半身を意識したさまざまなステップワークでフィニッシュまでもっていく
② 3種類の動きの流れを止めない連続性が大事
③ ゴールから逆算したシンプルなプレーを心掛ける
④ ステップワーク→ボールコントロール→突破からのシュートという実戦でのイメージを持って行う

ワンポイントアドバイス

≫ 動作と動作の間の連続性を切らない

アジリティートレーニング全般に言えることだが、一つひとつの動作を正確に行うことと同時に、動作と動作の間もなめらかにつなげることも大事だ。実戦では、その一瞬の動きの差によってプレーが左右される。このメニューにおいては、最初のコーンをまたぐ動作では体の軸を真っ直ぐに保ち、そのまま次の動きへスッと移動する。ここでバランスを崩してしまうと、上半身の振り戻しの動作が必要になり連続性を保つのが難しくなってしまう

169

アジリティーシュートドリル

細かいステップワーク、ボールタッチを身につける

ねらい

Menu 072 反応速度を高めてシュート

難易度 ★☆☆☆☆
時間 5分

» 身につく技能
シュート技術
オフ・ザ・ボール
コンビネーション
状況把握
フィジカル

やり方

1. オフェンス、コーチを配置し、それぞれの周りにマーカーを置く。コーチの後ろにボールを置く
2. オフェンスは4つのマーカーでつくったエリアのなかで細かくステップを踏む
3. オフェンスは、コーチが触ったマーカーと同じ色のマーカーを触って中央に戻る。これを3～5回行う
4. コーチの合図でボールに向かって走り出し、シュートを打つ

! ポイント ステップワークから正確なボールタッチへ

コーチの合図に対して素早く反応することで、体だけではなく頭も鍛えるトレーニングだ。細かいステップワークを踏んで、かつ判断を繰り返した状態から、バランスを崩さずにボールをコントロールしてシュートへもっていく

170

アジリティーシュートドリル

身につけたステップワークを
ボールタッチに活かす

ねらい

Menu **073** さまざまなタッチからシュート

難易度 ★★★★★
時間 5分

≫ 身につく技能
シュート技術
オフ・ザ・ボール
コンビネーション
状況把握
フィジカル

やり方

1. ボールを5～6個、マーカーのように縦に並べる
2. 1つのボールに2回ずつタッチしながら進んでいく。進行方向に対して横向きのまま、正面を向いたままのパターンでそれぞれ行う
3. 最後のボールをコントロールしてシュートする

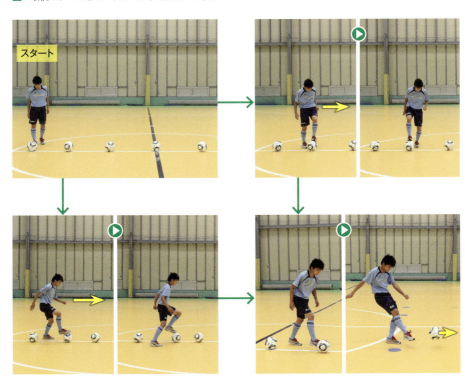

ポイント　速さを意識したステップワークでボールに触れる

それぞれのボールにタッチする方法は、上述の2つ以外にも自由にいろいろ行う（シザースのようにボールをまたぐ、バックステップなど）。しなやかさと速さを意識してやってみよう。どのタッチの場合でも、ボールからボールに移動するとき、上半身のみぞおちの位置が上下動しないように素早く動く

171

CONCLUSION

おわりに

シュート一つをとっても、そこにいたるまでの流れは無数に近いほどありますし、その数のぶんだけトレーニング方法の種類はさまざまです。

本書で紹介したメニューをベースに、各チームの状況や課題、レベルに応じてアレンジを加えて、実戦で生きるトレーニングを行っていただければと思います。その際、ゴールを設置したメニューを増やしてください。トレーニングから常にシュートの意識を高めることが大切だからです。

私たちの行っているトレーニングメニューには、他のチームでもすでに取り入れているものもあるかもしれないですし、あまりやっていないというものもあるかもしれません。

たとえば、ゴール前に詰める練習。対角線のシュートをキーパーが弾いて、そのスペースが空いていた場合。「なんで、そこ詰めないんだよ！」というベンチからの声は、試合の中でもよく聞かれます。でも、普段の練習から「詰めること」をやっているチームも、あまりないかもしれません。観ている人にとっては、ゴール前に詰めるというのは当たり前のことのように思うかもしれませんが、練習でやっていないことは、試合でもできないと思います。細かいことかもしれませんが、指導者が少し意識を向けてトレーニングを改善した

り修正したりしてあげることで、入らなかったシュートも入るようになるはずです。指導者の言葉一つで、選手の意識も変わり、技術も上がっていくと思うのです。

シュートが思い通りに打てるようになり、ゴールも増えていけば、選手にとって大きな自信になります。何より多くの成功体験が選手を成長させるのだと思います。本書がその手助けとなれば、私たちもこれ以上うれしいことはありません。

最後になりますが、本書は多くの方々の協力で書籍という形になりました。サッカーに携わった仕事をしたいという私の思いを受け入れて、ここまで指導者として育ててくれた会社。普段からともに子どもたちの指導にあたり、掲載したメニューの提案と検討を手伝ってくれたコーチングスタッフの仲間たち。意見交換を交えながら、切磋琢磨しあってきたライバルチームの指導者の方々。そして、出版のお声掛けをいただいたベースボール・マガジン社、及び編集にご尽力いただいたライトハウスをはじめとする方々。皆様のお陰で、本書は出版のときを迎えることができました。本当に、心から感謝しております。ありがとうございました。

南雲伸幸

バディーSC監督

著者＆チーム紹介

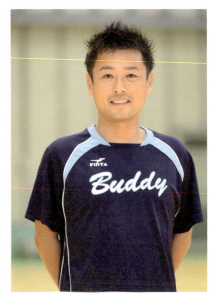

著者
南雲伸幸 なぐも・のぶゆき

1973年、福井県出身。バディーSC監督。成東高校（千葉県）を卒業後、仙台大学でプレー。同期に元浦和レッズの内舘秀樹（現・浦和レッズジュニアユースコーチ）がいる。大学卒業後は一般企業に就職するも、サッカーに関わり続けたいという思いから転職を決意し株式会社BSCに入社。以後、現在に至るまで17年間、幼児・小学生を中心に、サッカーのみならず幅広くスポーツの指導に携わっている。2010年の全日本少年サッカー大会ではチームを初出場・初優勝へと導き、2012年の同大会でも3位入賞を果たした。

協力
左から前島裕樹（ヘディング担当）、矢島博充（ＧＫ担当）、
大山真人（アジリティー担当）、岩渕達郎（ヘディング担当）

バディースポーツクラブ

昭和56年1月、バディースポーツクラブを横浜市西区で安中幹彦、幸子が創業する。以後、神奈川県を中心に、幼稚園・保育園の正課体育指導から各種スポーツ教室、イベント等を通じて、健康でいきいきとした子どもたちの成長をサポートしている。2015年4月には、神奈川県大和市に「バディーつきみ野体育館」がオープン。本書の撮影場所でもあるこのクラブ専用の体育館では、サッカー、新体操、体操、チアリーディング教室を開催している。

そのなかでバディーSC（サッカークラブ）は、神奈川の52会場を中心に東京、千葉、埼玉、群馬、名古屋の各地で行われている「サッカー教室」のほか、小学生を対象とした選考会に合格した約150人の子供たちで構成される「選抜クラス」、中学生を対象とした「Jr.ユースクラス」があり、各市・県大会などに出場し全国大会を目指して活動している。サッカーを通して"こどもたちの人間形成"を大きな目標とし、"サッカーを楽しんでもらうこと"と"将来プロ選手が育ってくれること"を夢に、熱心に指導を行っている。
（写真は本書実演選手。前列左から、田辺大智、塚田航平。後列左から、川浪豪恋、樹神伊吹、中島優太）

デザイン／有限会社ライトハウス
　　　　　黄川田洋志、井上菜奈美、田中ひさえ、
　　　　　今泉明香、藤本麻衣、岡村佳奈
写　　真／矢野寿明、福地和男
編　　集／近藤泰秀、木村雄大（ライトハウス）

差がつく練習法
サッカー　決定力を高める　シュートドリル

2015年12月24日　第1版第1刷発行

著　者／南雲 伸幸

発 行 人／池田哲雄
発 行 所／株式会社ベースボール・マガジン社
　　　　　〒101-8381
　　　　　東京都千代田区三崎町3-10-10
　　　　　電話　　03-3238-0181（販売部）
　　　　　　　　　025-780-1238（出版部）
　　　　　振替口座　00180-6-46620
　　　　　http://www.sportsclick.jp/
印刷・製本／広研印刷株式会社

©Nobuyuki Nagumo 2015
Printed in Japan
ISBN978-4-583-10838-4 C2075

＊定価はカバーに表示してあります。
＊本書の文章、写真、図版の無断転載を禁じます。
＊本書を無断で複製する行為（コピー、スキャン、デジタルデータ化など）は、私的使用のための複製など著作権法上の限られた例外を除き、禁じられています。業務上使用する目的で上記行為を行うことは、使用範囲が内部に限られる場合であっても私的使用には該当せず、違法です。また、私的使用に該当する場合であっても、代行業者等の第三者に依頼して上記行為を行うことは違法となります。
＊落丁・乱丁が万一ございましたら、お取り替えいたします。